幼狮丛书
生而为赢

# BusinessWise

## Words of Wisdom for Small Businesses with Big Ambitions

# 四两拨千斤

## 小企业的生存发展智慧

［英］安迪·库特　明迪·吉宾斯－克莱因 编　孙维 译
Andy Coote, Mindy Gibbins-Klein

中国出版集团　东方出版中心

## 图书在版编目(CIP)数据

四两拨千斤：小企业的生存发展智慧 /（英）安迪·库特,（英）明迪·吉宾斯-克莱因编；孙维译. —上海：东方出版中心,2018.12

（幼狮丛书）

ISBN 978-7-5473-1354-1

Ⅰ.①四… Ⅱ.①安… ②明… ③孙… Ⅲ.①中小企业—企业发展 Ⅳ.①F276.3

中国版本图书馆CIP数据核字（2018）第215617号

上海市版权局著作权合同登记：图字09-2018-791

Original title: Businesswise: Words of Wisdom for Small Businesses with Big Ambitions

Copyright 2007 Mindy Gibbins-Klein and Andy Coote

First published in 2007 by Panoma Press

All rights reserved.

The simplified Chinese translation rights arranged through Rightol Media（本书中文简体版权经由锐拓传媒取得Email:copyright@rightol.com）

**四两拨千斤：小企业的生存发展智慧**

出版发行：东方出版中心

地　　址：上海市仙霞路345号

电　　话：（021）62417400

邮政编码：200336

经　　销：全国新华书店

印　　刷：杭州日报报业集团盛元印务有限公司

开　　本：890 mm × 1240 mm　1/32

字　　数：164千字

印　　张：8

版　　次：2018年12月第1版第1次印刷

ISBN 978-7-5473-1354-1

定　　价：42.00元

# 目录 | Contents

# 简 介

安迪·库特

## ▷ 为什么选这本书?

企业通常都很难得到能防止重大错误的关键建议。在企业的每一个阶段都有很多关键决策和关键行动要做,而听取成功企业家的建议能让你受益匪浅。《四两拨千斤:小企业的生存发展智慧》这本书是一些业界专家凝聚心血的建议的集合。不论你的企业是刚刚起步还是已经步上正轨,你都能从中受益。

本书按照循序渐进的方式,从刚刚起步要考虑的事情讲到未来的发展计划。你可以从头读到尾,也可以直接选择流程中的任何一个阶段开始阅读。不论采用哪种方法,我们都相信你能从这些共享的宝贵经验中获益!

## ▷ 准备工作

史蒂芬·科维在他的著作《成功人士的七个习惯》中指出,

一个成功的习惯就是"从脑海中的结束处开始"。为你的生意做准备也是一样。结束处，也就是成功企业的目标，需要在一开始的计划中就考虑到。

安迪·费尔韦瑟就是以这个内容开头的：如何为你的生意做准备以及如何制订企业计划。这篇文章直截了当地告诉你要完成的任务以及当你打造梦想中的公司时需要注意的事情。这个过程有很多现实因素要考虑，安迪将它们清楚地列出来，希望能给你一个好的开始。

尽管计划很重要，梦想也同样重要。多数企业都是围绕创始人的热忱以及他们对于公司运营的愿景来建立的。罗布·胡克提醒我们，拥有愿景只是等式的一边。我们还需要沟通及庆祝这个愿景。他的文章《如何设立一个能让公司不断前行的愿景》会告诉你更多细节。

## ▷ 市场营销

再好的产品与服务，没有恰当的人知道它们的存在并理解这些产品与服务能为他们做些什么的话，也是没用的。这就是为何要寻找你的市场并向人们热情展示你的产品与服务的本质。艾伦·雷在他的文章《网络和现实营销》中讲到了营销组合。通过探讨人们的动机以及想法，艾伦提出了关键问题："你的故事是什么？你要怎样向别人讲你的故事？"

营销过程的一部分就是定义你的目标人群，即最有可能购买或是向别人推荐你的产品与服务的人。玛丽珂·亨塞尔就谈到了这个令很多企业深感困扰的问题：如何才能将目标人群吸引到你的网站上来，并进入销售阶段？她的文章《如何在网络上被你的目标群体找到》讲了几个关键话题，例如搜索引擎优化，以及从搜索引擎到必要的网站绩效调研和调控。

你的网站并不是唯一重要的营销途径。网络还提供了多种与你的顾客、合伙人、相关附属公司、供应商沟通的渠道。芭芭拉·索尔给出了如何用电子邮件和线上合作等工具来沟通的指导。她的文章《如何巧用网络为你的生意添彩》也提醒我们，随着网络变得对企业愈发重要，我们也需要配备适当的保护措施且及时备份。

▷ **销售**

尽管我们都知道"酒香不怕巷子深"的道理，但是事实上，多数企业在某个阶段还是会需要销售过程的。人们总是倾向于避免谈论销售这个话题，并且专注于改善产品和服务。大家（错误地）觉得一旦产品得到改善，顾客就会如洪水般涌来，自觉在你的门前和网站上排好队。真相是，你在某个时候很可能必须和销售打交道。既然迟早要做销售，那为什么不从一开始就做呢？

一个悲伤的事实是，你必须天生就是做销售的料才行。你需要能说会道的本事。一部分销售人员被提成支配，他们咄咄逼人、傲慢自负、自私自利，一切都是钱钱钱。你可能认为你不是一个销售员。毫无意外，并不是只有你一个人这么想。

欧洲最贵最刻薄的销售培训专家会告诉你为什么这样想就大错特错了。马库斯·科希总是爱挑衅。他的文章《销售是世界上最简单的工作》会让你领略到自己的思维是多么狭隘。如果你曾经被占便宜，上当去提供免费咨询服务；如果你曾经参加招标活动却被买家欺骗，或是被忽悠与你的竞争者同时争夺他们的生意；如果你曾经纠结于预测到底哪桩生意能做成；或者如果你曾经为那些潜在买家浪费时间，那么就研究这篇文章吧，听听马库斯的意见。这个过程不会令人感到舒服。但很有可能的是，如果有人抢了你那里满意的现有客户，那么就是马库斯教他们这么做的！这篇文章是对桑德勒销售系统以及马库斯本人的简介。

另外一种销售方式针对那些"偶然销售"，却与任何做销售的人都相关，可见《软销售——如何在不知不觉中做销售》。这篇文章由理查德·J. 怀特所写。理查德的销售方式来源于人们常见的观念：人们情愿主动购买，而非被推销。软销售是一种思维模式，并且这与心理学、动机理论以及极具说服力的话语密切相关。如果你想从潜在顾客那里获得持续性的生意，那么这篇文章里有很多内容都能帮到你。

在很多销售程序中，无论客户关系多成功，总是会有一个最后请求："你能发给我们一份书面的策划书以便我们做最后决定吗？"埃利斯·普拉特声称，很多业绩都在这里因为不合格的销售策划书而流失。不论你目前在销售的哪一个环节，销售策划书都是一份能够转危为安的销售文件。它也有可能将一些生意变成损失。销售策划书很重要。在他的文章《写一份成功的销售策划书》中，埃利斯架构了清晰、逻辑明确的策划书写作过程。他还强调了尤为重要的一点：策划书永远不能代替口头成交过程。

## ▷ 团队管理

企业，尤其是会计、营销、项目经理及信息技术员等专业服务供应商，常常发现自己在为无法独立完成的生意来竞标。为了成功竞标这个生意，他们需要与其他服务供应商组建合作团队。威廉·比伊斯特做这一行有一段时间了，他分享了自己对团队管理的看法并着重强调了虚拟团队的管理。他分析团队做了什么以及为什么失败，并进一步总结出需要避免的深刻教训以及有效管理团队要做的事情。

## ▷ 财务

作为创业者，你很有可能只是草草扫一眼财务话题。正如马克·李指出的，理解企业的财务非常重要，同时找一个合适的会计师更是能有翻天覆地的变化。会计师们不尽相同，因此你需要遵从马克在《如何寻找、挑选及任用一个会计》文章中给出的建议。他解释了用有限公司形式运营意味着什么，以及从不同类型的会计师那里能够获得哪些不同建议。他还解释了为什么某些工作，只有有资格证的会计师才能胜任。

很多看起来有很好的商业模式、肯定能成功的企业最后都失败了。为什么呢？因为它们没有现金了，而现金是支付供应商以及税务局最重要的东西。如果企业里没有现金流，那么其他所有衡量成功的因素都没意义了。因此，你值得读一读利亚姆·沃尔的《现金流》。在他的文章里，利亚姆给出了计划现金流要考虑的问题，并且强调了真正重要的部分。他给出的建议应该引起所有企业的关注。

## ▷ 保持专注

当创业者与当员工很不一样，尤其是很多公司一开始都是从总监的家里开始运营的。西蒙·菲利普斯在他的文章《在家工作的专业人士》中谈到在家工作的专业人士如何好好平衡工作和休闲的时间，从而达到"更高效"而不是"更多任务"的目的。西蒙讨论了在家运营公司的好处以及挑战，并给出了很多能提升这一体验的建议和想法。

对那些在家工作或在家运营自己公司的人来说，"不要在今天做明天要做的事情"能产生很奇妙的共鸣。因为没有人来操控我们的工作，我们很容易就会陷入拖延症的陷阱。你觉得你能做任何事却最终什么也没做成的感觉，对于很多自雇人士来说再熟悉不过了。妮科尔·巴赫曼在《打败拖延症》文章中给出了应对方法。从判断你的拖延症模式开始，做出一些改变，并且现在就做。

## ▷ 沟通与社交

社交对于建立和维持你的生意至关重要，你开始积累声誉时，一定会倾向于积累好的名声。在朱迪丝·杰曼的文章《当一扇大门关上……》中，我们遇到了凯斯。凯斯最近脱离了大公司的生活，开始自己做生意。但他不明白为什么自己有很好的社交网络，却就是揽不到生意。他发现了在网络上和现实生活中建立声誉和可靠性是企业存活下来的唯一方式。此外，他还学会了通过写博客和社交的方式来发展支持者。凯斯的故事最后有一个好结局。很多有类似凯斯的情形的人却总是没有好结果，除非他们被正确的人用正确的方式看到。

你的沟通的意义就在于理解接受者。不管你的论点多么好，如果应该知道的人没有看到的话，那你的论点也是没用的。《传播你的信息》是由沟通专家明迪·吉宾斯-克莱因写的。明迪是英国顶尖的文案写作者和发表咨询师。她帮助企业润色讯息并在图书、文章、博客等地方发表。作为"书籍助产士"，明迪使得许多图书得以面世，包括这一本。明迪建议你为自己的公司想标语时慢慢来。在如今这个快节奏的社会里，明迪的建议值得尝试。

看起来整个世界，特别是网络社会，都会说英语。于是你就觉得没必要为这世界上的多种其他语言而费心。值得注意的是，当阅读第二或第三语言时，我们很难完全理解到原文的含义。多数企业应该考虑将宣传册、报告、网页以及信件等用目标收件人的语言来编写。皮埃尔·伦纳德擅长翻译各种语言，并非常善于做专业翻译。你的企业可能需要在文化和语言上都完好地传达信息。

翻译并不仅仅是语言。在国际社交中，你既要确保社交行为，又要遵守文化要求。国际交流的选择多样化也带来了相应挑战：如何确保向没有共同文化背景的人正确传达信息。这个情况要求我们有耐心、容忍度、并信任心存善意的人。我们都知道文化上的误解曾在历史上导致了什么，如果在文化上互相理解结果是否会不一样呢？妮科尔·巴赫曼会告诉你。

## ▷ 企业长期成功的策略

你的企业在成长过程中会依赖你。即使你外包一些非核心业务，你还是为企业最终成功负责的主要人物。长期的生理与心理健康是小企业主的头等大事。医疗成本在不同国家不尽相同，但是缺席工作对于企业的成本一目了然。伊莱恩·戈尔德与那些想要为健康做出改变的客户合作，并且分享了一些维持健康生活方式的建议。借用美国思想家爱默生的名言，伊莱恩认为："健康是你的最大的财富。"

最后，汤姆·埃文斯高度赞扬了合作的美德。他认为合作是人类生存繁衍的内在价值。当然，在做生意的时候，很少有一个小公司就能负担所有所需资源的情况。合作一直存在。汤姆认为合作是好事，并且如果方式方法正确，合作还能达到更好的效果。他用了苹果公司的音乐播放器作为例子来证明合作普遍存在，并不是小公司特有的。很多例子和实际应用都证明了他的观点：合作是企业的未来，并且合作从来没有比现在更容易的时候了。

## ▷ 我们祝你的生意一切顺利

这本书是帮你将商业想法成功落地为企业，并将企业变为长期成功的工具。不过最主要的原料并不在这本书里。没有你和你的热情与能量，什么都不会发生。的确，没有你的话，这本书里给出的建议都没什么用了。不管你是从头开始读这本书还是一章一章地看，我们都希望这些观点和建议能帮助并启发你。如果我们让你的企业变得更好或是以任何方式变得更加有回报，那我们就达到了目的。

# BUSINESS WISE

准备工作

# 为你的生意做准备

安迪·费尔韦瑟

## ▷ 介绍

　　为你的生意做准备需要意志力和决心。你不再像大公司一样有触手可及的支持团队了，因此你需要有一套全新的想法。我希望这篇文章没有过多专业术语，并且能在制订企业计划的过程中帮到你。这篇文章讨论的内容并不是企业成立过程中的一部分，它更多的是提供一些做商业计划的普遍方法。我们会从多个方面讨论商业计划，并由此总结出为创业做准备的正确方法。

　　准备工作的关键环节是明确目的：你的企业计划取决于想要看到成果的人，并且要根据已有信息而行动。目的能很好地解释你为什么在企业的前五年（甚至更久）需要财务预测、市场调研策略以及企业的其他各个方面。具体来说，我们会讨论制作企业计划的原因以及如何做一个以个人需求为基础并积极可行的计划。这篇文章的目标是为你提供能够切实应用到制作创业计划过程中的建议。

## 企业计划的目的

很多人错误地认为企业计划只是为了取得银行贷款以及获得投资人的必需文件而已。事实上，企业计划是整个企业的基石。你可以在任何时候参考企业计划，并且用它来计划以后的发展。企业计划总结了你成立这家企业的原因，谁是你的目标客户，企业如何融资，以及它如何发展。因此，它应该是有生命力并且能不断作出修改的。

为什么要做计划呢？对于那些脑海中已经有成熟想法的人来说，企业计划只不过是延迟实际执行的一步。但是对于别的人来说，企业计划有两大功能：供内部及外部使用。对企业内部来说，这个计划起指导以及参考的作用。领导层及员工们都会据此明确企业目标，于是做决定的过程就更加透明。举个例子，假如一个企业计划在第三年的时候研发三种新产品并因此增加现金流，那么企业在第二年年底时招募新员工并融资就不显得奇怪了。透明企业的另一个优势就是一致性。假如企业里的所有人都很了解道德准则，那么公司上上下下的运营都会反映出这个企业的战略目标。

对于外部来说，企业计划为各种利害关系人[①] 提供了了解企业的坚实基础。作为融资工具，企业计划能为潜在投资人提

---

① 利害关系人就是任何与企业有利益关系的单位及个人。这包括顾客、供应商、员工、股东、银行，以及政府部门等等。

供回报的预期。假如你在企业初期寻找天使投资或者风险投资，那么你的企业计划在巩固投资的过程中就起着至关重要的作用。除此以外，现金流预测能告知现金过少而不足以支撑核心业务的时间节点。你可以提前准备应对这些终将到来的情况，在第二轮或第三轮融资时就会容易很多。

## ▷ 为企业计划做研究

写商业计划就必须做研究。一个很好的研究基础就是去研究潜在竞争者。有时你会觉得你的产品太有原创性以至于没有什么竞争对手好研究。那么你就应该考虑平行市场或者有类似特点的行业。你可以尝试关注有相似供应链[①]的企业。这么做的目的是获得足够的信息来避免潜在的失败。你可以参考行业数据或者其他一些人口普查数据。假如你想成立一家有限公司，那么可以考虑成为某些数据库的会员。

你收集的信息可以是定量的，也可以是定性[②]的。市场规模这类型的数据每个企业都不一样。比如一个水管工能用他服务区域的总家庭（定量）估计他的市场规模，他也可以通过假设一年内需要的水管工人数（定性）来做出估计。因此，你必须尽可能地获得更多信息来支持你的预测。

为企业提前做准备的一大内容就是决定企业要以什么形

---

① 供应链就是成品或服务要送达消费者手中所经过的步骤。
② 定性数据从开放式问题和理解中获得。定性数据通常是事实型的，并且由统计数值中得出。

式运营。你应该与税务专家探讨这个问题，因为它取决于你的个人情况以及企业的目的。最常见的三种企业形式是：个人企业、有限责任合伙制，以及有限责任公司。每一种类型都各有长处，在此我们不会具体讨论。除了与税务专家讨论外，你还可以从本地的商业网站上寻找信息，或者找律师咨询。

## ▷ 一个可行的商业计划

好的商业计划是未来成功的基础。至少它应该能在创业初期为你提供一些保障。你的生意就像每个人的DNA一样独一无二，因此你应该避免使用那些提前写好的计划模版。商业计划的基础架构应该包含以下内容，不过你不一定要照搬这个架构。

| | |
|---|---|
| 摘　　要 | 概览或是快速参考（总是最后才做） |
| 介　　绍 | 建立企业的原因 |
| 创办人的简历 | 目的是融资及获取银行服务 |
| 市场研究 | 谁是你的顾客及你要如何瞄准客户 |
| 策　　略 | 你的企业如何发展壮大 |
| 风险分析 | 对潜在风险的理解，以及如何最小化风险，还包括企业持续计划 |
| 财务预测 | 现金流预测，销售预测，预期资产负债表，收入损益表，以及预算等 |
| 辅助方面 | 考虑投资人及自己的退出市场策略 |

我们从简介开始说起。想一想你做这个生意的原因。你能解决什么问题，你有什么独特之处，人们为什么应该选你？这些问题的答案就能为你的公司愿景提供基础。这种简短的愿景是你以及你的员工的参考。当客户不按时付钱或者有别的情况发生时，你的愿景就发挥作用了。

你提供的简历对于股东、银行，或者风险投资人来说非常重要，很多时候它能为你的价值添彩。不过在商业计划这种内部文件中，简历可能发挥不了什么作用，所以你不需要把简历包括在内。

### 营销策略

商业计划中的营销部分主要由两部分组成：

1. 以市场调查为基础的策略计划。

2. 竞争对手研究，包括SWOT分析[①]以及市场定位分析[②]。花一些时间收集你的潜在客户的信息，并且想一想他们会如何看待你。记住，网络并不能提供你需要的所有信息。货币以及样本的准确性最重要。如果你需要定性信息，你可以考虑上网发表投票调查来鼓励大家发表观点。不过，这样做的一个缺点是如果你的问题是封闭性的，这就意味着你在鼓励大家提供你想要的答案。你要记得提供开放性的问题，从而为你的调查增

---

① SWOT是四个英文单词的首字母缩写。它们分别是：长处（Strengths）、短处（Weaknesses）、机遇（Opportunities）、挑战（Threats）。

② 市场定位分析又被标为"4P"分析：产品（Product）、价格（Price）、定位（Placement）、宣传（Promotion）。

加价值。

### 财务预测

财务部分需要尽可能准确。你可能需要一个有经验的会计师来帮你做现金流预测、预算、资产负债表，以及损益预测。

现金流预测就是预测一段时间内的收入以及支出。它会告诉你什么时候现金充足，以及什么时候你应该向银行求助。尽管有超过一年的现金流预测对你的生意有帮助，但是预测的时间越长，准确程度越低。因此，你应该定时，例如每半年，审视现金流预测。这个是你的工作重点之一，因为你要提前计划如何支付到期的账单。很多有盈利的企业破产的原因就是现金不足。

预算与现金流不同的地方在于它既注重租金、取暖水电等固定支出，又注重市场营销等在一段固定时间内的短期支出。当你做了市场研究以后，你就应该大概知道哪些地方需要花大价钱及时间了。资产负债表总结的是公司的所有财产以及所有债务。简单来说，它是一个你拥有的以及你欠别人的东西的总结。它叫作资产负债表的原因是这两边必须平衡。这个资产负债表对于你以及投资人来说都是衡量公司表现、做出投资决策的重要信息。

至于收入损益表，它会为你提供相关信息，以便你确定需要卖多少产品及其相应成本。这个表再加上现金流量表就是做预测的最重要的部分了。如果你做生意的目的是赚钱的话，那么你就要格外注意是否能赚到至少让企业存活下来的钱。

## 策略

这其实就是目标。目标就是一系列完成任务的时间点。中长期目标是你最终想要达成的状态,而短期目标则是用来一步一步实现中长期目标的。

在公司运营的第一年建立目标是一个很好的想法。你要记住,设立的中长期目标要实际、可衡量,并且在你规定的时间范围内能够实现。如果你的目标不切实际,那么你以及投资人都会觉得不好受。

短期目标不像长期目标那样无法轻易改动。一个短期目标的例子是:只要你有时间和资源,那么就进入某个新市场。而相对的中长期目标则是:在新市场里一年内发展十五个客户。

设立目标的过程应该很令人激动,因为它让你在思想上为你的生意旅程做好了准备。想要设立可实现的目标,你要回想你的市场调研结果以及财务预测。一些基础的良性目标包括在一段时间内达到收支平衡,或者设定一个你能挣到第一桶金的时间点。你还可以想一想你的生意的其他方面,例如能租个办公室或者雇佣新人的时间点,并把这些写入你的计划里。

## 风险分析

当你刚开始做生意的时候,你可能会遇到融资难题或者别的有可能失败的地方。不论是什么情况,你都要了解这些难题并且能专注于解决它们。这就是所谓的降低风险。举例来说,假如你已经能预测到第三个月时你的债务会超出可负担能力的话,你应该考虑向银行申请一个短期贷款来过渡。这种思维模式能帮助你预先考虑问题并争取更多选择。投资人也会感觉更加安心,并且可能会考虑投入更多的资金。同样,银行也会喜欢这种方式并且在贷款方面更加宽容。

风险分析的其他方面一般都超出了你的控制范围,例如法律条文修改、经济崩盘、失去关键客户等等。

降低风险并不只是围绕财务管理。另一个方面是公司运营管理。假如有人病了、去世、怀孕、有恐怖袭击,或者有洪水之类的自然灾害,公司该如何运营呢? 如果你的生意必须依靠你的贡献的话,那么这也值得考虑。所有这些情况的应对方法都值得写下来,当不幸发生时,你的员工会立马知道该怎么做。

## ▷ 商业计划不止于计划

你可能做好了一份计划来应对各种需求,不过修订策略计划是一个长期不断的任务。当你成功度过企业的第一年时,不要把这份计划束之高阁:它需要重新审核并整理。商业计划是一份有生命力、有价值的文件,它会为你的企业未来几年的表现提供一个比较基础。很多时候,企业会朝着意想不到的方向发展。这时你就需要随时修改计划的内容。你的员工应该至少读一次这个计划,这样他们就会帮你实现你的策略目标。定期回顾这个计划,并将实际表现与计划做对比。你的商业计划应该能帮你达成你应得的成功。

祝各位在创业的路上好运。

　　从布里斯托尔大学拿到创业硕士以后，**安迪·费尔韦瑟**成功创办了一家制作企业服装的品牌公司。该公司后来进化为专门帮助企业打造品牌的公司。安迪一开始在家里办公司，不过现在他已经有了单独的办公室，以及全职、兼职员工和稳定的客流。安迪对于战略部署的坚定信念帮助他一路发展到今天。安迪希望你的企业也能取得成功。

# 如何设立一个能让公司不断前行的愿景

罗布·胡克

你已经听到过很多关于商业计划如何重要的言论了。是的,它很重要:你需要一个具体的商业计划,一个财务预测,一个网站,以及一系列企业长期发展的其他必需品。同时,你还要与现有客户保持良好关系,建立客户基础,与供应商联络,并随时更新产品服务来吸引群众。是啊,要做的事情真的很多!

正因如此,你需要避免浪费有限的资源(例如最重要的时间)在一些无关紧要的事情上。时间过了就没了,因此只有合理利用时间你才能获得成功。

我们举个例子。最近我的公司签了一个为客户公司估值的合同。我们能完成这个任务吗? 当然可以,我们有能力也有知识。客户相信我们能完成这个任务吗? 当然相信,客户对我们有信心。然而,当我们完成这个任务并做成本回报分析时,我们发现在这个项目上亏钱了。怎么回事呢? 因为我们花了比预计多出50%的时间。这段时间本身并不是大问题。但是,如果我们用这段时间来发展新生意的话,那我们可以赚更多。这个机会成本表明我们亏钱了，而且还有更糟的：这个现有的客户没有别的可以与我们合作的生意了。我们的所有努力只能说明我们满足了这个客户的需求，但是我们的收入只增加了一点点，并且这单生意没有任何其他价值。

你是否也曾经遇到过类似情况？你答应做一件事情但是后面又后悔了。或者你已经花了不少时间做宣传册，但是几周后却发现你走错了方向。又或者你刚刚更新了网站，却发现有别的机会降临，于是你刚更新的网站显得多余了。

怎样才能避免犯同样的错误呢？怎样才能审核每一项任务、每一个客户、每一件事情所花费的时间，来确保你的公司在正确的轨道上运行？

你可能会说："我会检查每一件事情是否与企业计划相符。"理论上来说你的确应该这样做，但是根据我们的实战经验来看，那份计划只是拿来给银行以及持怀疑态度的家人朋友看的。一旦资金到位了，这个计划书就光荣退休，去抽屉里与用完的电池、只剩一支的袜子、从来不用的钥匙，以及没用完的外币做伴了。它们是作应急用的，但是从来没有被真正用过。

所以，在一切准备就绪前还有什么事情要做吗？一些你可能想了很久但是从来没机会写下来的事情。

其实，还有一件非常重要的事情！想要企业成功，你需要一个愿景：一个让你倍感兴奋，并让你周围的人能够切实想象的愿景。

你的愿景会启发人们并且让他们跟随你。你的愿景是企业一切的核心。你的愿景会让你做出更多承诺并付出更大努力。你的愿景能直接转化为更多的利润并提升企业的资本。你的愿景还能为后来人打下基础。这个为什么重要？当你的团队认可你的企业目标后，这个目标就有了自己的生命，这样你就能专注于其他生意上的事情，为利润努力，甚至有可能让你去享受一下生活！

你有一个能启发人心的愿景了吗？你脑海中有一个企业的最终目的地吗？如果还没有，那么就请记住那句老话：如果你不知道要去哪里，那么哪条路都行得通。

根据我们以往的经验，只有不到50%的客户有愿景，而把愿景以书面形式记录并放在宣传材料中的客户只有不到10%。那些花时间推敲愿景的客户比其他企业获得了更大的成功。

## ▷ 愿景到底是什么？

人们关于愿景到底应该是什么以及应该包括什么内容有很多种定义。从最基本的要求来看，愿景表述应该能回答以下问题：

- 我们公司做什么？
- 谁是我们的客户？
- 客户想要从我们这里得到什么？
- 我们要达到什么样的财务表现？

如果你能回答以上问题，那么你应该能轻松地通过任何渠道沟通了。把这个愿景融入公司的运营以及文化中，这样所有员工都能按部就班。

## ▷ 首要任务

第一件要做的事情就是问问自己：我会觉得烦吗？如果你像我一样，那么你应该会想和工作搞好关系，对吧？你想为客户服务，而不是浪费时间。

建立愿景的一个好处就是这个过程可以与工作同时进行。如果你为了养家糊口出来做事情，那么我们称之为"在生意里"工作。如果你是为了更长远的目标来做事情，那么我们称之为"在生意之上"工作。我知道这两种事情你都想做，因此我建议你花20%左右的时间来发展长远目标，确保企业有长期稳定的利润。

## ▷ 从哪里开始着手？

从做白日梦开始。这听起来很不靠谱，不过别急：拨开迷雾，找到中心思想，这就是你的愿景的精神所在。这个过程可能要花几天甚至几周时间，但是这个做白日梦的过程并不影响你的日常工作。你要注意千万别有这种想法："天啊！这真是异想天开。"更加不要迷失在思考如何实现的过程中。不要觉得你的想法不可实现，这样你的愿景就会受限制了。当你开始思考怎么做时，立马停止，并回到"是什么"的问题上。在这个阶段你并不需要用现实给自己浇冷水。

为什么呢？事实上很多创业者发现，只有想不到，没有做不到。这就是我们能登上月球的原因啊！肯尼迪总统并没有问："我们能登上月球吗？"他说的是："我想要在十年之内让人类登上月球。"如今，历史见证了阿姆斯特朗的那句"我的一小步，是人类的一大步"的名言！你可能并不想登月，但是请不要被所谓的可能性挡住你的脚步，这可能会使你的愿景变得非常有限。

## ▷ 愿景有什么用处？

有一个明确的愿景有很多好处。

你的愿景能确保公司的所有利益群体，包括员工、供应商、客户，以及股东们，都明白这个生意在努力达成什么目标。因此，它让大家专注于能实现这一目标的事情上并且鼓励各方长期保持。

如果你定义了一个愿景，你会把它放在能证明你与竞争者不同的东西中去。当你的企业发展，你需要证明你提供的产品、服务与众不同，以此来赢得潜在客户。

最后，愿景也是团结组织的因素之一。斯潘塞·迪·博伊斯公司（Spencer du Bois）是一个很好的例子。他们的愿景是为那些野心勃勃想要做一番大事业的客户服务。于是他们与慈善机构、文化教育机构，以及其他"有道德"的公司合作。这就意味着员工们知道他们会做一些有意义的事情，客户也知道他们会与有着相同价值观的人们合作。这一切都会帮助企业建立口碑,吸引更多的对口客户,同时过滤掉那些他们不想要的客户。

简单来说,你的愿景会让人们倍感鼓舞并且愿意追随你,它也会成为你的生意一切的核心。更重要的是,它会给后来人做铺垫,这样你就能从工作中偶尔脱身。就如肯尼迪总统一样,他自己并没有亲自造火箭或是选择宇航员:他只是提出了一个愿景并且说服了那些愿意追求这一愿景的人们去做事。

我们可以大致将愿景的好处总结如下。它可以:

- 描绘一个有启发性的同时也是实际的未来
- 与众不同,很可靠,值得纪念,引人注意
- 鼓舞人心,使人自由
- 不需要其他解释
- 有野心同时能实现
- 明显能与其他企业区别开来

吸引那些你认可的生意。

过滤掉那些你不想插足的生意。


## ▷ 理查德·布莱森就成功了

愿景在实际生活中如何起作用?理查德·布莱森就明确知道他需要什么样的人为自己工作。在他看来,维珍航空的员工们很容易辨认:"他们的行为举止跟别人不一样,而且那是他们唯一的表现方式。没有人强迫他们这样做,这就是自然而然

的表现。维珍航空的员工们诚实，嘻嘻哈哈，持怀疑态度，有娱乐性，经常打断别人，聪明，精力充沛……总之，他们很聪明。"

"我们挑选未来员工的时候会看重一些特质。一个维珍人会：

- 对新点子新想法充满热情；
- 用不一样的方式思考；
- 有创造力；
- 能嗅到新的商机；
- 永远聆听消费者。"

"我加入维珍航空的原因是摇滚。我喜欢挑战，喜欢这份工作，喜欢好车，但是我也喜欢摇滚。"这个话是从维珍航空的一个财务总监口中说出来的哦！

## ▷ 如何建立你自己的愿景

思考你想要建造什么东西是想愿景的第一步。你可以动笔把你公司若干年以后的样子写下来。

想象五年以后你走进办公室的样子。描述一下你会看到的东西。

这是什么样的企业？你会为未来客户传递什么？什么样的人为你工作？顾客方面呢？你会怎样描述理想的客户？他们是企业客户、全球性大公司，还是本地的商户？在这一阶段并没有什么对错之分，这只是你脑海中希望看到的样子。毕竟这是一群对你公司的未来至关重要的人。他们想从你这里得到什么？更重要的是，他们如何通过你创造价值？人们如何对待你，对待彼此，对待供应商，对待你的客户？是什么样的文化及价值观把你们凝聚在一起？

继续想象未来的模样。加入一切你觉得会增添公司辨识度的元素。与别人一起开动脑筋，从过去及现有的客户、同事、认识的人、家人朋友那里获得尽可能多的反馈。

如果你喜欢图片多于文字，那么你可以用一块画板。把你构想的未来图片贴到这个板子上。挪走那些所谓的"横向限制"，想一想未来是什么样子。如果有需要，你也可以喝点小酒帮助思考。

## ▷ 你可能需要考虑的事情

愿景的内容完全取决于你自己、你所在的领域，以及你公司所处的发展阶段。唯一能衡量愿景质量的问题是："我们还是在朝这个方向发展吗？"你的愿景陈述的基本元素应该包括：

- 你做生意的目的（赚钱只是副产品，不属于主要目的）。比如说我公司的愿景："我们想要帮助商业领袖们在成功打造商业帝国的同时能拥有美好的生活。"它很简洁地表明了我们所做的事情。
- 你提供的产品与服务或者是它们的价值。在这个问题上你应该有创造力一些，不要局限于客户们能得到的价值。比如说，所有的律师们都提供法律服务，所有的律师都具备执业资格，所有的律师都根据客户量身打造服务。如果你是一个律师，你的愿景里很可能有以上内容。因此，你应该写一些你真正擅长的服务，例如速度更快、可以随时随地保持联系等等。这些内容能表现出你的与众不同。

- 谁是你的目标客户？一般来说你的公司不可能面向所有人。你需要把消费者人群分类并着重其中一种。那么应该如何分类呢？分类人群有什么共通点吗？你选的分类市场足够大吗？在这些问题上你应该从消费者的角度来思考。
- 你在哪些方面竞争以及你有什么长处吸引人们。
- 你公司的风格：装修风格如何，设备如何，员工们如何看待彼此、客人，以及老板。
- 你的地理服务范围：你的公司地址在哪里，你的目标市场在哪里。

最后，你应该讲一讲财务方面的内容来确保你审视过财政状况。没有一个不盈利的企业能取得长期成功。那么盈利应该是什么规模呢？这就取决于你了。你可以参考公司周转率、利润水平，以及年度增长等等。你可以把这些内容放在愿景的结尾处，因为这是一些你不希望供应商看到的内容。

记住：愿景、区别，以及沟通的力量是巨大的。它们曾经把人类送上月球呢！

## ▷ 将愿景变成现实

经历完起草愿景的种种困难之后，下一步就是确保将这个愿景转化为你所做的一切事情的基础。将愿景变成现实意味着：

- 委任角色及其责任。明确告诉每个人他们的分工是什么。让我们回到肯尼迪总统的例子中去。有一个非常有名的轶事能证明愿景在多大程度上抓住了每个人的想象力：有一个访问太空中心的议员问负责停车的员工他在做什么，那个员工回答道："我在把人类送上月球，先生。"
- 让愿景活跃在员工的心里及脑海中。在这里你也可以有创造力一些。在每一次会议之前，把会议内容打印出来并且传阅一遍。告诉每个人一旦会议跑题了，就大声说出来。
- 将愿景与策略以及行动联系起来。不断地问自己：我们目前所做的及以后计划做的事情能否让我们离目标更进一步？
- 明确成功的重要因素。选择几个里程碑并且在抵达里程碑时热烈庆祝。这种真诚的庆祝是很好的动力。

相反，你的愿景会慢慢死去，如果：

- 员工做了与愿景无关的事情却被嘉奖；
- 员工没有配备必需的设备及技能；

- 愿景没有被很好地沟通或执行；
- 愿景设计得不合现实（或者无法达到，不够灵活等等）。

把愿景设计好以后，下一步就是沟通落实了。这一阶段通常会出一些差错。我们的经验是，愿景只有一直处于肉眼可见范围内时才能起作用。因此，把愿景装裱很多份，放在公司醒目的地方。你还可以用一些成功的事例来支持你的愿景。

## ▷ 总结

我相信至此你已经意识到愿景的重要性了。你需要愿景来确保有限的资源可以用到真正有用的事情上。长期可持续发展标志着一个企业的成功，它是领导力，细致的计划，合理分配技能、人才、知识等多方面共同合作的结果。

我最后一点关于愿景的想法是关于彼得·德鲁克的。他曾经给商业界提供了无数指导："没有比高效地做无用功更加没用的事情了。"

结束了早期的英国军旅生活后，**罗布·胡克**在多个公司里担任董事。在拥有25年管理以及国际市场研究经验后，罗布决定专注于客户关系和采购管理。他从巴斯大学获得了工商管理硕士学位，并且写了很多关于商业社交的文章。

罗布目前通过发展策略性营销来帮助客户们最大化长期盈利。在闲暇时间，他喜欢跑半程马拉松和为公益事业募资。

# BUSINESS WISE

市场营销

# 网络和现实营销

艾伦·雷

"知己知彼，百战不殆。"孙子在他的著作《孙子兵法》中告诉我们很多策略，例如："胜兵先胜而后求战""治众如治寡，分数是也""上兵伐谋"等等。

这些名言的意思是说，我们的故事必须有核心、有力量，而且它必须到处都能看到，在我们使用的媒体上也要如此。我们不会指名攻击我们的对手，但是我们会展示我们比对方优秀的地方。

## ▷ 商场营销的本质

营销无非就是这个问题：你的故事是什么？你要如何讲述你的故事？有一首小诗很好地说出了营销的准则：

> 那些在井里低声细语的人
> 说着他要卖的东西有多么好

　　然而他永远都不会挣到许多钱

　　因为挣大钱的人都爬上树大声做广告

　　你必须学会利用网络的力量和其他营销策略来将自己包装成比实际看起来更好的样子。正如以上这首诗所说，要爬上树大声吆喝才行。

　　你可以将一些营销材料放到网上，并且将它们全部链接到你公司的主页上。你可以通过公共关系，商业社交，在相关网站上写文章，从合作网站上设立链接，或者使用那些按点击率收费的链接。你可以用在线分享文章的方式来放大你的活动。你也可以在论坛上开一个讨论帖。你还可以写博客。

　　以上这些方法都价格低廉却能帮你的牌子吸引到相当数量的人气。这就是你的发展转折点。

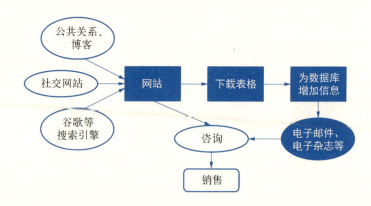

　　我们建议的途径如下：将你的网站作为轮毂，并且你所有的线下营销活动都要以之为中心。这个途径被广泛认为是针对那些有很多知识产权内容的公司的有效营销。

总体来说,中心思想就是你要将书面的、面对面的,以及打广告的三种方式相结合来为网站吸引更多点击量。你的网站可以展示一系列查询或者是获得用户电子邮箱的权限。接下来你可以发一些包含优惠信息的邮件,鼓励收件人继续咨询甚至直接下单。小企业希望将它们的网站作为一个窗口,用不同方式吸引人们来并促使他们表达兴趣,留下联系方式。

你要记住,营销的目的是为销售人员带来一系列有可能做成生意的线索。我们的目标是遵守"金发姑娘原则":适度的是最好的。你不会想要为自己招来远超出负荷的访问量,因为这样会使你丢掉口碑。

## ▷ 销售金字塔

我相信你跟大多数人一样需要面对销售这个数字游戏。你需要一个可行的模式来每个月成交一定数量的订单,赚足够的钱来支付生产成本、杂项,并留一些利润来再投资。

这就代表着一定数量的销售额了。想要达到指标,一个面对面营销的企业需要有大约三倍的活跃潜在客户。这个潜在客户的数量需要每一周都有补充。

为了找到足够数量的潜在客户,我们需要大约六倍的销售线索。营销活动也要能够生成相当数量的客户咨询。如果你用这些比例计算一下的话,你就知道你需要多少生意,需要引起多少人的注意了。

因此,不论你依靠电视广告,还是电话销售,或是网络销

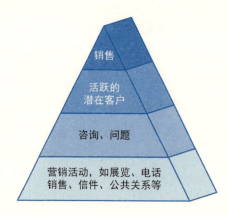

售，你都要大致清楚你的商业模式需要什么以及要建造这个模式需要什么。

这个金字塔图总结了销售的架构。

搞清楚这个金字塔的不同层次之间的转换率很重要。每个公司的转换率都不尽相同，但是你必须知道这些数字。这样一来你就可以监控销售表现或者是观察某个销售人员。

如果你在网络上运营公司，那么你需要知道点击量与最终成交量的比例。得出这个比例以后我们就可以估测销售了。我们的目标是用最少的精力与金钱来建造一个相对自动的系统，让它能最小化探查时间，最大化花在好的潜在客户身上的时间。

所以我们要从根本上优化自动化探查过程：使用线下的商业社交、公共关系、本地广告，以及线上的付费链接、博客、社交网站等等方式生成一定数量的稳定客户咨询。

正如我们之前提到的，这意味着你必须有一个能很好地将公众与你联系起来并引发他们想进一步了解或者与你做生意的故事。

▷ **你的故事是什么？**

你的生意就是关于你能如何帮助别人并且赢利。这意味着你需要鉴定你做的哪些事情是有价值的。你还需要建立一个能同步满足客户需求的组织。

你需要一个能将你是谁与世界联系起来的故事。在内部讲这个故事叫作领导力，而在外部讲这个故事就叫营销了。你的故事要建立在诚实和有价值的基础上。你还需要不定时地更新一下。你要在这个不断变化的世界里不停重新定位、重新投资你的企业，不然你就会失去消费者了。

让我们从你自己开始说起。你应该清楚不同的人的思维模式是不同的。人的右脑处理图案之类的信息，人的左脑处理数字和逻辑之类的信息。前脑喜欢思考，而后脑则侧重于直觉。如果你把这些放在象限中，你会得到四种各不相同的思维模式。企业的不同阶段会由不同行为主导。

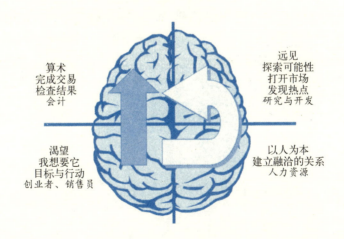

如图所示，右上方的思考者们具有远见，喜欢探索新事物。左上角的思考者们就像是喜欢条条框框的会计师们。左下角是

那些迫不及待想要达到目标的创业者们。右下角是专注人际关系的团队合作者们。

这是一种衡量方法。另一种衡量方法就是看人们用什么价值考核系统。心理学家格雷福斯曾总结了六种主流性格。他们的主要区别在于集体朝向或是个人朝向。我认为弄清这个问题对于你的有效营销很有帮助。如果你倾向于用"我"而不是"我们"，那么人们很可能会努力阻止你；如果你倾向于用"我们"而不是"我"，那么人们可能觉得你弱势并尝试边缘化你。

在私人企业里，以结果为导向的系统比较常见。而集体导向的系统则在公共事业、志愿者组织之类的地方更常见。

有一个很有趣的组合，他们被称为选择追求者或是海豚组。这类人必须将所有人、系统、结果以及关系同步以后才能起作用。

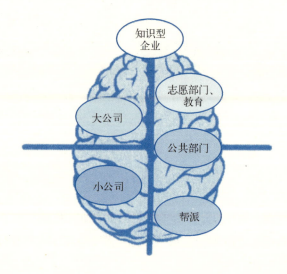

在格雷福斯看来,有这些倾向的人们可以随意使用之前提到的那些思维模式。从商业的角度来说,这类型的公司比较善于与其他公司联手建立联盟,进而与周围那些更大的、鲨鱼一般的企业抗争。这些"海豚"们的核心技能就是找到最佳合作对象并与之合作,建立比自己之前更强大、更有核心竞争力的组织。

线上线下的商业社交结合最近成为一个有趣的话题:网络让人们无须麻烦他人就能表达自己。我们稍后会谈这个现象。

我们需要明确知道自己的价值观和客户的价值观。这样你就可以用顾客觉得舒服的话语来与之交谈,更好地促使他们与你做生意。我们将格雷福斯的六大类性格简单总结在以下表格里。

| 系　统 | 语　言 | 道　德 |
|---|---|---|
| 团队对与错 | 基本日常语言:来,我告诉你 | 该是什么就是什么 |
| 个人的,用自己的语言 | 追求权力、表现 | 这是个残酷的世界 |
| 我对组织忠诚 | 正式并保守:我们想要稳定 | 责任与指令永远存在 |
| 我想成功 | 快节奏企业、军旅:第二名就是最大的输家 | 这个世界上永远都有失败者 |
| 关怀分享 | 松散的注重人性的故事 | 我们必须试一试 |
| 哪些行得通哪些适合我 | 系统语言和学习机会 | 这些规则含糊不清 |

最主要的事情是尝试给一个典型的客户写信。在脑海中想象他,像面对面交谈一样组织你的语言。我就经常用我的一

个老客户当例子，他在朗科恩造船，如果我能说服他那我就知道我搞定了。

在商业世界里，动机通常有恐惧、贪婪、时尚。用大脑分区的语言来说，就是会计师，创业者，以及梦想家。

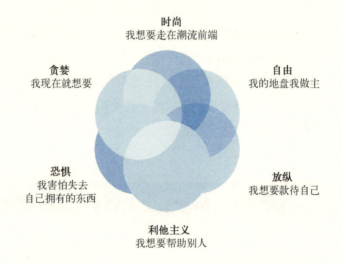

**时尚**
我想要走在潮流前端

**贪婪**
我现在就想要

**自由**
我的地盘我做主

**恐惧**
我害怕失去
自己拥有的东西

**放纵**
我想要款待自己

**利他主义**
我想要帮助别人

消费者的动力也包括以上因素，以及一些其他因素。有人曾总结了17种消费者的动力，但是总结起来不外乎两点：

"我受够了这个，我想要自己的地盘自己说了算"或者"我受够了这个，我想要好好享受一下"。有趣的是，我们现在发现促使人们自己创业的主要原因是他们想要掌控自己的生活，而不只是为了挣钱。有研究证明这个比例是4∶1。最后，人们受利他主义激励，慈善募资活动证明了这一事实。

除了个人激励机制，你还应该考虑一下个人的风险资料、他们工作的领域、他们的年龄等等其他因素。

如果你做的是企业对企业营销,那么你需要知道对方企业的思维模式。在大的机构中,会有好几个人参与到购买决策中。所以你所讲的故事可能要根据不同类型的人做不同程度的修改。你还需要向他们展示你对他们关键绩效指标和流程的熟悉程度。很多小公司没能拿下大公司的生意很多都是因为对这个不了解。

这里有一个我们最近做好的图,供你参考:

我们的故事是什么?

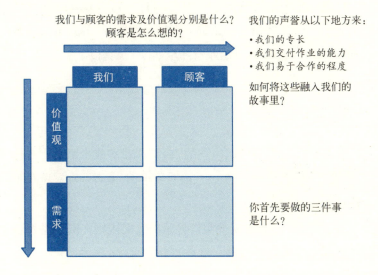

> ▷ 你在哪里讲故事?

接下来我们讨论应该用哪些技巧。一般来说你应该将几种技巧组合起来。研究表明,在一个人买一样东西之前,通常会经历七次各种各样的互动。多数公司在联系三次后就放弃了，因此我们也就不难理解为什么这么多公司没能达到理想的结果了。

面对面的方式包括商业社交、传统推销、展览及作坊。这些方式都能很有效地帮你在供应商与顾客心里树立良好口碑。

书面方式包括信件、公共关系、博客、文献以及公司的网站。当然了，公司网站是店铺窗口、文献、邮件等等一系列元素的集合。

此外，还有传统的在各种媒体上打广告，以及使用付费链接的方式。付费链接包含免费下载信息的服务，并且成功将其成本由1990年代的30英镑左右降至如今1英镑以下。

## ▷ 面对面的方式

除非你的运营是纯网络化的，否则你或多或少都会有一些面对面的活动。它可以是社交、面对面推销，或者是在展览及手工作坊中跑来跑去。

有趣的是，你会发现现实世界里的社交规则在网络世界里同样适用。你可能听过那个每个人都能通过6层关系与世界上任何一个人联系起来的理论。网络世界也是这样：27步就可以将这个星球上的任意两个文件联系起来。

不过这些链接的比重并不相同。有一些人资源丰富，因此多数链接都要经过他们。网络上也是一样的。有些社交家，就曾说这些资源才是最宝贵的资产，而非网站。

你的面对面营销需要动用一切可能的方式，并鼓励他们向别人推荐你的产品与服务。想方设法找出你的潜在客户平时都去什么地方。

一个很好的提升你资料曝光度的方式就是去参加作坊：你有机会在没有压力的情况下展示你的服务。

如果你邀请了你的潜在客户去听你的展示，你还有可能拿下这个客户呢！

展览与作坊基本一样。尽管网络的发展使得展览的重要性下降许多，但是如果你能在做展览的同时演讲，那么展览依然有无法取代的优势。

## ▷ 书面方式

根据媒介的不同，你的语言方式也要不同。当你写新闻稿时，语言要简练，重要信息要放在最前面。如果你写直邮信件，那么内容就可以很长了。你依然要在开始和结束处把重要信息强调出来，不过中间部分可以用一些小技巧。西奥迪尼在他的《影响力》一书中指出了一些决定行为的关键因素：职权、社交口碑、一致性、互惠互利、禁果诱惑、时间限制、稀有性……

好的写作会在利用以上因素的同时保持内容的趣味性及可读性。

公共关系对于小企业来说是最被低估的工具了。如果你有一个很好的故事，本地的商品杂志会很乐意帮忙宣传。它可以带来难以想象的口碑，甚至是全球性的订单。

正如我们之前所说，网络上的活动与线下活动是平行的。

公共关系在网络上相对应的活动是写博客。如果你定期更新博客，并且你的博客能被关键词搜索到，那么你会很震惊地发现人们多快就能看到你的更新。

记住，所有这些活动都是为了给你提供持续性的销售线索。因此，一个吸引更多访问量的方法就是在你的网站上提供免费下载的资源。作为交换，访问者留下联络信息和进一步联络的许可。

在过去两年里，我用约 2 500 英镑的成本收集了 4 000 多个名字。他们或多或少都对营销感兴趣，于是我就研发了一系列产品来满足这个市场需求。

## ▷ 打广告

如今小企业们总是尽量避免打广告。它们最多就是在黄页上留个名字，在某展览的手册上打个广告，或是在某贸易杂志上留个小位子。

不过，网络上有很好的对应活动：付费链接。谷歌和雅虎的付费广告就是很好的例子。

如果你在搜索引擎上搜个关键词，你就会发现除了那些自然的搜索结果外，还有一些标明这是广告的链接。这就是付费链接。

这些付费链接的原理是：你竞标一个关键词，并且将其与你的广告连接起来。例如说，当用户在网络上搜索"营销策划书样本"这个关键词时，他看到的可能是这样：

正在写营销策划书？

需要帮忙吗？免费下载

以及样本策划书

（网络链接）

这种方式相比起其他获取联系人的方式来说更受欢迎。

为了有效使用付费链接，你需要做一点功课。首先，你要明确关键词：

- 与你的企业相关
- 有很多人搜索
- 没有很多别的网站使用

这个过程可能需要你在相关网站上做一番研究，或是不断在谷歌和雅虎这类网站上尝试。

接下来，你需要尝试写一个像上面那样的简短广告。你可以读一些关于如何管理搜索引擎的书籍。

坚持很重要。尽管很多专家建议你注重自然搜索流量和链接策略，但是他们似乎过多强调了谷歌广告作为市场调研的重要性了。简单来说：

1. 你竞标一些你认为与企业相关并且客户感兴趣的关键词。

2. 你将这些关键词与广告联系起来。

3.不断留意哪些关键词或词组最有效并做出相应改变。

你可以将这件事的成本控制在一天约3到5英镑左右。如果你再多花几百英镑的话，你就能看到用户是通过什么关键词搜索到你的公司了。而且你也能看到有哪些关键词是用户们常用，但你却没有放广告的。

综上所述，我们知道付费链接是一个低成本、高回报的市场营销手段。现在我们要将它应用到实际中。

谷歌及其他搜索引擎都是以文字为基础的。用户在搜索框内输入他们想要知道的关键词，然后搜索引擎会找出一系列与这个关键词相关的网页。这些网页的标签、标题，以及正文都会根据点击率来排名。

作为网站管理者，你需要学会如何管理你网址的"锚文字"。举个例子，假如我设法说服英国广播公司将"世界级商业专家"作为我公司网址的锚文字并且将其放在英国广播公司的网站首页上，那么我就会感到非常得意了。

我们做这些的目的是提高自由搜索流量（免费的），因此我们通过付费的链接广告来达成这一目的。这个流程就是：

1.开动脑筋确定关键词和目标。

2.查看你的对手们都在用什么关键词。你可以通过查看源文件来找到答案。

3.估算你要花多少钱竞拍关键词：这就意味着你要大致计算一下我们之前提到的销售管道。

4. 起草一个测试性的广告。

5. 分多次测试哪些关键词最有效。

6. 用这些测试结果来研究如何改变网站内容,吸引更多自然流量。

7. 将这个事情付诸实践。

得到这些点击量之后,你依然需要一个有力的网站并且可能还要继续营销。但是至少你的营销精准性会大幅提高。举个例子,有一个卖观赏植物的网站就做得很好:www. plants4present.co.uko

这个网站成功的原因是它简洁明了,没有过多花里胡哨的东西。潜在客户浏览完网站后可以很明确地找到订单表格,完成销售流程。

这个公司在第一年运营就有超过12万英镑的收入,在第二年里这个收入预期会翻倍。网上营销的成本大约是总销售成本的13%。线下营销成本大约是4%,包括公共关系、明信片、商标、模板设计等等。

此外,我们还充分利用博客和一些其他网络营销的方法。数据显示,我公司大约一半的订单会从付费链接中来,剩下的一半从其他渠道来。有趣的是,每个订单的营销成本下降了12%,因为我们现在获得了更多自然搜索流量。

## ▷ 提升曝光率的小技巧

写作的质量是你一切公共关系的关键。你可以自己写文案,也可以从一些网站上付费购买。

将你的文章放到你的网站上,并以此来获得用户们关于未来营销的许可。我自己就曾经在18个月内通过免费提供营销策划书样本获得了超过3 000人的电子邮箱。假如人们在你的网站上下载了好几样东西,那你就知道他们一定对你的公司有兴趣。

你也可以将你的文章发表在与你擅长的话题相关的网站上。或者你也可以将它们展示给潜在合作者们。

打造你自己的链接策略的最好办法就是让那些你想建立联系的人群的网页管理者们对你刮目相看。

最后,你也可以将你的文章放在网站上出售。这也是一种挣钱的方法。

你还应该研究研究博客之类的建议信息聚合(RSS)营销。很多地方都使用RSS技术,因此这也是一个很好的营销渠道。

我们所讲的这么多内容都可以参考文章开头提到的《孙子兵法》。那些策略能让你看起来更加有竞争力,更值得信赖。我们在网络上做的其实就是摆一些绣花枕头,使我们看起来好像无处不在一样。

这个RSS的重要性在于你可以把它放在别人的网站上。当然了,RSS内容应该是有价值的,不过它能让你看起来无处不在,非常重要。

我们来举个例子。"乌贼"网站是一个汇集各种英文专业信息的网站。在这个网站上你可以发布文章、清单、链接等等来做宣传。你可以发布一系列链接,例如能连到你公司网站的链接,提供更多有用信息的链接等等。

不过这个网站最赞的功能是它能接收RSS。你不仅可以通过RSS将你的文章放在这个网站上,它还能自动提取其他RSS文件,例如你的档案、联系方式等等。这样一来你在这个网站上的信息永远都是最新的。

这个功能对于你在"乌贼"网站上的排名很重要,因为这个排名会考虑多种因素,包括你的信息是否过期,有多少人访问过你的主页,以及访问者给出的评分等等。

不过最主要的好处还是刚刚提到的RSS自动更新功能。比如,我在另一个论坛上有一个《如何做生意》的帖子,一旦这个帖子收到新的回复,这个乌贼网站就能通过RSS即时收到更新。太神奇了!

## ▷ 总结

对于相当一部分公司,特别是知识经济领域的公司,最好的市场营销方法就是将你的网站设计成购物窗口,用可免费下载的信息来交换用户的联络方式,以便以后的销售流程。

提升点击量并不需要花很多钱:公共关系及其他书面材料、一点付费链接广告、面对面社交等等。

想要成功地在网络上营销,你必须知道市场如何变化以及你在市场中的位置。然后创造一个故事向别人描述你的位置。

你要记住,你要从现有客户中争取他们的推荐,同时还要宣传自己获得更多联系人。这就意味着你要找对合作者,提升自己的名声。

合理使用面对面、书面，及网络媒体来创造你需要的营销线索。

最后请记住：

**口碑 = 内容 × 点击量**

所以，用好的产品和好的宣传系统创造你的品牌。

**艾伦·雷**是小企业使用网络技术宣传的专家。他是资深CIM会员，并且从1977年开始就活跃在新产品研发与营销领域。他为惠普等大公司提供销售及领导力课程。艾伦曾出版一系列市场营销相关的书籍。

艾伦是一个知识渊博且非常幽默的演讲者，他会弹吉他和钢琴。

# 如何在网络上被你的目标群体找到

玛丽珂·亨塞尔

没有比无人访问的网站更差劲的事情了。所以我们来解决这个问题。在这一章里我会告诉你如何最大化利用你的网站，并且帮你以及你的网站吸引更多感兴趣的人。

在网络上做商业宣传有太多种方式了，因此我会专注讲解在网络上宣传你的网站的一些内容。当然，前提是你希望人们能更容易地找到你的网站。

你可以在网络上许多地方用许多种方式宣传你的网站。因此，我总结了一套提升你公司网站访问量的步骤。你不需要按照以下的顺序来，选你喜欢的那些做。以下的内容是我总结出来最有用，也是我用在客户身上的技巧。

这个流程分为四个步骤：

1. 优化你的网站
   - 文字

- HTML 网页
- 结构（例如是否容易在搜索引擎上搜索到）
- 数据归档（永远存在）

2. 社交宣传
- 将你的网站加到目录中去
- 点击发送
- 交换链接
- 在其他论坛或博客上留言评价

3. 市场调研
- 用搜索引擎的功能追踪网页访问者信息
- 研究竞争对手的网站
- 研究用户信息

4. 从第一步重新做起，试水你的新数据

你可以看出，这个提升过程是一直持续着的，直到你的网站在相关搜索结果中排在最前面。

## ▷ 优化你的网站

以下内容是按照在搜索引擎上的重要程度来排的，从最重要的因素到最不重要的：

1. **网址的名称**：例如，www.star.com 这样的网址就比 www.site.com/star/ 以及 www.site.com/user/folder/star/ 好得多

2. **网页的标题**

3. **网页页面上的标题与小标题**：谷歌等搜索引擎更加喜欢简短标题,而不是一段一段的文字

4. **网页自带的链接**：这些链接的数量与质量都有关系

5. **与你的网页相关的关键词**：例如是否有人用"黑星"这样的关键词找到了你的网页

6. **更新频率**：更频繁的更新意味着更新鲜的内容,排名也就越靠前

7. **网站的年龄**：越老越好

8. **其他因素**：见下文

其实没有人真正知道搜索引擎们到底是如何衡量各个因素的。以谷歌为例,每隔几周谷歌就要更新一下它的算法(所谓的"谷歌舞蹈")。而且谷歌算法到底如何工作可谓是一门学问了。

当你使用搜索引擎时,你输入一些文字来寻找相关的信息。这些文字就是关键词,是用户用来搜索信息用的。同时,这些关键词也必须出现在你的网页上。

其他一些能帮助提升网站人气的因素包括:

- 关键词被使用的次数(用于关键词排名)
- 加粗、倾斜,或下划线的使用(用于关键词排名)
- 你的原标签的关键词(用于关键词排名)
- 当鼠标停留在一个图片上时出现的文字或图片的

标签（用于关键词排名）

• 搜索完后访问你公司网站的人数以及访问其他网站的人数。当你的网站显示在搜索结果中时，到底有多少人点击（用于一般的网站排名）

搜索引擎就使用以上提到的种种元素来排名，但是每一项的比重在每家搜索引擎上都不一样，也会随时间变化。

搜索引擎使用机器人来搜索网页并对其排名。因此你的网站必须要设计得对这些机器人友好。机器人们喜欢：

• 文字
• 清爽的编码（HTML）
• 直达链接
• 永远存在的数据

你可以使用网站地图来简化网站。将你网站的所有网页都在这个网站地图上罗列出来，这样就对机器人来说简单多了。谷歌就有一个自动生成网站地图的功能。

请确保你的数据是一直存在的。如果你不再链接一些你以前使用的网页，但是那些网页上还有有用的信息，那你可以尝试给这些网页归档。如果网页上的信息已经过时，但是网页的标题还能用，那么你只要更新一下网页内容，用户就能找到这个信息了。这样做能减少游客遇到错误信息的情况。

## ▷ 社交宣传

当你完成优化网站以后,你可以在导入链接和导出链接上下功夫了。不仅于此,人们需要能找到你,以及符合他们兴趣的内容。

要达到这个要求,你的网站必须:

1. 可见
2. 有趣

要想让你的网站保持可见状态很简单,你要把你的网站链接在网络上到处放。要注意避免那些"链接养殖场",因为它们是专门为了提高谷歌等搜索引擎排名而建的网站。搜索引擎会自动过滤这类型网站并且把上面的所有链接都从排名中移除。

很多年前,人们会将自己的网站加到所有能找到的搜索引擎和目录中去。不过现在这么做没有什么太多价值了。以下三个网站可能依然值得一试:

- 谷歌(通过谷歌网站地图)
- 开放式目录(www.domz.org)
- 雅虎目录

如果你有博客,你可以将更新发送至以下网站:

- Technorati（www.technorati.com）
- Blogpulse（www.blogpulse.com）
- Ping-O-Matic（www.pingomatic.com）
- Pingoat（www.pingoat.com）
- King Ping（www.kping.com）

这些网站通常与你的博客兼容。

此外，找一些与你同一分类并且有类似关键词的网站。发邮件联系这些网站的负责人，并且协商将你的网址放到他们的网站上，或是做链接交换。别忘了，搜索引擎也会衡量导出链接哦！

不过，请记住只在你的网站上放真正对访客有价值的导出链接。没有比一长串无意义的链接更差劲的事情了。

在别人的博客上写评论是另一种有效增加你的网址曝光率的方法。专业的网络写手每天大约写25到30条评论。你的评论应该诚实并且有价值。说"谢谢"很不错，但是如果你能具体写写为什么而感谢或是一些别的内容的话，人们就会更加愿意去看你的评论了。你可以加一个网址或是邮箱在你的评论中。

你还可以在论坛上留下你的网页链接。你可以在与你的生意相关的帖子里留言，并且在签名里加上你的网址。不过并不是所有的论坛都允许你使用签名哦！

基本上你在网络上写过的所有内容都是有记录并且能查到的。因此，请确保写一些高质量的内容，因为它们可能会伴随你终生。

在博客与论坛上跟别人交流是一种很有效的社交方法。你能从别人那里学到更多相关知识，或者让别人发现你是一个知识渊博的专家。别人会觉得你有他们需要的东西。

### 如何在网络上保持可见

人们喜欢与"人"，而不是"公司"做生意。所以，你作为一个个体应该在网络上保持可见状态。

想在网络上保持可见，你可以：

- 让人们在搜索引擎上能找到你
- 与别人互动，然后他们可以让更多人知道你和你的生意

近年来，有很多种方式能帮助你在网络上做宣传。例如，社交类型的英文网站就有至少500个。在这些社交网站上，你可以创建一个关于自己的档案，里面附上你的照片，你所在的城市，你做的事情，以及年龄、简历、推荐人等等其他信息。

这些社交网站五花八门。有的是开放式社区，有的是封闭型的小组；有的跨度很大，有的范围很小。

一些主要的英文社交网站包括领英（www.linkedin.com），型（www.xing.com），易学院（www.ecademy.com），我的空间（www.myspace.com）等等。这些平台对所有人都开放。领英，型，以及易学院是专为专业人士设计的，而我的空间则侧重于爱

好和朋友。

尽管领英、型，以及易学院有相同的目标用户，它们提供的服务内容却不尽相同：你能找到什么样的用户，这些用户做什么工作，他们如何沟通，以及沟通频率，等等。

在这些网站上注册一个账户，你就能看到其他人的资料了。

谷歌非常重视社交网站上的活动。因此在社交网站上附上你公司网站的链接会非常有用。

跟这些平台上的用户们交流。读我的文章你就会发现我最喜欢易学院，但是我也用领英和型。

### 如何保持有趣

你应该在以下两方面做到让人感兴趣：

- 你做什么
- 你说什么

你可以帮人们联系你认识的某个领域的牛人。你也可以回答在网上（论坛、博客、直接的交流）看到的问题。

如果你倾听别人，你就会明白他们的需求，然后你就能努力提供他们需要的产品。如果你是个有趣的人，那么你一定会吸引到听众的。

### 如何保持可联络状态

在网络上提供你的电子邮箱等联系方式。在你的网站上设立一个联络表格。最重要的是，要有一个好的用电子邮件或其他沟通方式的系统。这个系统并不是指某些软件或是工具，而是你如何工作的系统：你用哪些工具以及你在日常生活中如何管理它们。

太多电子邮件并不是一件好事。在这个电子邮件满天飞的世界里，你需要一个好的垃圾邮件过滤系统、一个高效处理邮件的方法，和回复邮件的时间及空间。请确保人们能找到你的电子邮件。

你可以在网上写一个简短的自我介绍。这样一来人们能在网上找到这些内容，而不需要你在回复邮件的时候一遍又一遍地重复。相信我，有的时候你可能并不想这么"有问必答"。

用一些在线联络人管理工具来自动获取更新。这样一来，如果你的联络人换了手机号码或是换了地址，你的联络簿能自动更新，让你的生活更加方便。

## ▷ 市场调研

如果你想知道你的搜索引擎的优化结果，你可以在你的网站上安装一个统计工具。网上有很多免费的统计工具，谷歌分析（www.google.com/analytics）就是其中一个。你应该关注以下一些问题：

- 你的网站有多少访客？
- 这个访问量是增加了还是减少了？或是持平？

- 你网站的用户都是什么样的人？或是他们从哪来？

- 这些用户都在搜索什么？

- 访客在你的网站里停留多久？

- 他们在你的网站上做了什么？（浏览信息，买东西，随便看看，等等）

- 他们离开你的网站前看的最后一个页面是什么？

有一个网站叫作追踪网（www.hittail.com）。这个网站能告诉你当人们访问你的网站的时候他们正在搜索什么。它收集所有的关键词并将它们列在一个清单里。你可以把这个清单放到你的网站上，这样用户就能在搜索这些关键词的时候发现你的网站了。

根据你使用的统计工具的不同，你会得到很多不同的信息与反馈。要记住，每个人的目标都是与他的网站挂钩的。如果你的网站是信息类的，那么你会希望人们停留的时间长一点。如果你的网站是为潜在买家设计的，那么你会想要他们点开购买页并下单。

这里还有一些别的工具：

**"网页排名"** 是一个根据导入链接与导出链接的质量与数量来为网站排名的工具。排名高的网站通常在谷歌的搜索结果中排名也会靠前。谷歌的工具栏里有网页排名的网站：www.google.com/toolbar。

**"亚历克萨"** 将你的网站的热门程度与世界上其他网站做比较并排名。目前它已经为超过1 600万网站排过名了。网址为：www.alexa.com。

### 回到第一步并测试你的新数据

当你准备就绪，你会发现网络有着极佳的宣传效果。你的个人社交网越大，你的网站就越知名，人们也会更加容易地找到你以及你的公司。当你倾听访客的建议并作出改变时，这个效果就更加好。

对你的生意保持热情。热情是连接你与你的用户、客户，以及其他受你启发的人的纽带。确保人们能够从你的网站上领略到这份热情。

**玛丽珂·亨塞尔**是一位来自阿姆斯特丹的创业专家。她选择了创业并且为之努力。她为无数人和企业创造过价值。玛丽珂曾经在荷兰、巴西、罗马尼亚，以及美国生活工作过。

玛丽珂经营一家网络托管公司：托管博客和设计网页。同时，玛丽珂还为招聘机构提供虚拟办公室。她也经常为客户完成一些搜索引擎优化项目。

# 如何巧用网络为你的生意添彩

芭芭拉·索尔

多数人爱它，少数人讨厌它，不过无论如何，网络一直存在并且不断发展。不久以后即使是那些讨厌新技术的人们也会发现他们离了网络就会惊慌失措了。同时，网络是如此有用：基本上只有你想不到的，没有网络上找不到的。

得益于网络，我们能更高效地沟通，能接触到任何信息，能轻松地研究新机遇，并且能为我们节省一大笔时间。理解了网络的能力，你就能好好利用它造福大众了。

网络的最明显好处就是**沟通**。电子邮件、网站、即时消息、在线会议、在线社交……我们随口就能说出这么多利用网络沟通的例子来。

## ▷ 电子邮件

大多数人都对电子邮件很熟悉了。我们可以随时随地收发电子邮件：公司电脑、家里的电脑、手提电脑，甚至手机。电子邮件是一种快速且便宜的沟通方式。它让人们能更及时并用更短时间回复邮件。那么在这个即时通讯的新世界里，有哪些注意事项呢？

好的方面是：它很方便。你可以在方便的时候发邮件，也可以同时给好几个人发邮件，而且当收件人准备处理你的邮件时，它就已经到达收件箱了。一般来说一封邮件几分钟之内就会送达了。电子邮件成本非常低。你有所有发送和接收邮件的记录。你可以在邮件里添加图片、表格、文档等附件。

▷ **我的邮件去哪了？**

我们肯定都有过没收到电子邮件的时候，而且很多时候丢失的邮件特别重要。你有时都要怀疑：发送出去的邮件应该被成功送达了吧？不过，不要对网络失去信心，毕竟有人参与的过程就有出差错的可能。电子邮件要经过重重服务器才能到达收件人那里，这个过程中有很多可能导致延误的因素。事实上，如果你了解了整个过程，你甚至会觉得应该有更多差错才正常。同时，多数人和公司都有垃圾邮件过滤系统，这个系统也会导致延误。我们稍后会谈到垃圾邮件过滤系统。

一般来说我们期待人们在当天回复邮件，有时我们可能需要更及时的回复。不过事情不总是如人所愿。我们也逐渐意识到我们要合理分配时间，并按时处理邮件。

我们对这些收件箱里的邮件做什么呢？有人的收件箱里有上千封邮件。可是你为什么要把它们全保存下来呢？如果你准备把它们全留在收件箱里，这可能不是什么好主意。学会归类你的邮件，然后你会发现这种归类能节省很多时间。你再也不需要在邮箱里按姓名、标题、日期等信息来大海捞针地找邮件了。

希望以下的小建议对你有帮助：

- 将邮件分类并放到不同的文件夹里。如有需要，建立子文件夹继续分类。过一段时间你会感谢自己的分类系统。

- 保留重要邮件，如确认信息、问题、回答、合同等等。假如你以前会留一份某个事项的纸质文件，那么现在你就应该相应地保留电子邮件。想一想你以后还有没有可能再次用到目前的邮件。如果有可能，那就留着；如果没有，那就直接把它删掉。这样能节省一些空间，而且以后万一你需要回顾邮件的时候，你就用不着辨认这些邮件是否相关了。

- 为自己处理邮件设立截止日期。你是否曾经信誓旦旦地说要处理某个邮件，甚至专门归类，结果却在半年后发现你还是没处理它？半年时间有点长了，或许我们应该用一个月、一周，甚至一天来衡量。如果你在过了这个时间后依然没处理某封邮件，你真的还需要留着它么？如果没必要，那就删除吧。看看你收件箱里最早的一封邮件。你是什么时候收到的？我的话省11个月前。我还有一个文件夹专门放更早之前的邮件。这太离谱了！当你读到这里时，我已经做完了好多其他事情了。我们可能需要一个"国际邮件归类日"之类的纪念日。

• 多长时间内回复一封邮件比较合理呢？通常来说是当天。如果你需要多一些时间，你最好给发件人发个信息告知，这样对方就知道事情正在处理中。

• 没必要开启"谢谢你的来信"之类的自动回复。这种自动回复很可能带来更多潜在问题。假如对方也有自动回复，那么你的自动回复就会被反弹。另一种情况下，自动回复会使垃圾邮件的网站识别出你的邮箱处于活跃状态，这可是很令人头疼的问题。

**网络安全**：我们要全面想想这个问题。互联网面临着各种各样的风险，所以我们要做好预防措施并随时应对。

**防毒软件**是装机必备，真的。防毒杀毒软件能识别病毒，有时甚至比我们还抢先一步。这些软件不会对你的电脑造成任何负面影响。不过你要确保经常更新这些防毒软件。

**垃圾邮件过滤**：尽管我们不喜欢处理垃圾邮件，但是我们必须要面对。否则我们的生活就会变成无止境地删除一些我们根本不想理会的广告邮件。我说的垃圾邮件是那些宣传各式平板电脑，卖药，甚至为自己打广告的邮件。

有一些网络服务供应商会自带垃圾邮件过滤系统。比如说，当你在一个网站上同意接受某种邮件，结果其他类别的邮件也未经许可就满天飞的时候，这个过滤系统就起作用了。你要时不时查看一下垃圾邮件信箱。过滤器很可能因为邮件里有某些关键词或同时有好几个收件人就将其标记为垃圾邮件。于是你就不会在收件箱里看到这封邮件了。当你收到一封真正的垃圾邮件时，如果你回复了，哪怕只是取消订阅，你的行为就会证明你的邮箱是活跃的，因此你会收到更多垃圾邮件。所以，当你设置自动回复的时候，千万要考虑到这一点。

**域名欺骗**：域名欺骗就是说有人盗用你的域名，并假装成你来发邮件，内容当然是那些骗子想要别人点击的链接。

当然了，这个垃圾邮件会收到很多拒绝邮件，或是无法送达，或是自动回复等等。如果你的主域名设定是将所有邮件发给你，那么以上种种邮件就都会出现在你的收件箱里了。这就是所谓的"全域接收"。我们建议用户把"全域接收"功能关掉，这样的话不正常的邮件就不会出现在收件箱里了。域名欺骗在用户不知情的情况下挺可怕的。基本每个人都经历过，而且我们无法阻止其发生。我们必须应对域名欺骗，否则你的域名就会被放上黑名单了。建议关掉你的邮件"全域接收"功能并通知你的网络服务供应商。

**间谍软件**在你的电脑上收集信息并发送给控制间谍软件的人。这种软件是怎么跑到我的电脑上的？通常来说，它是当你浏览某些网页时自动下载的，或是藏在邮件附件里的。你应该随时开着一些保护软件来检测你是否被监视，并且在发现后及时删除这些间谍软件。

**防火墙**：听起来越来越玄乎了？其实不是的。防火墙是在你的电脑与外界之间放一道屏障，阻隔一些蠕虫病毒、木马病毒等对你的电脑有害的程序。防火墙软件可能已经在你的电脑里设置好了。如果没有，那么确保你的电脑管理员给全公司安装防火墙。防火墙能限制同一网络下哪些网页允许被访问。如果你恰好有游手好闲爱网购的员工，这个功能就很实用了。

**客户服务：**你的现有客户肯定很乐意收到你的信息，而电子邮件能帮助你提供高标准的客户服务。你要确保及时回复他们的邮件，不然他们就会打电话来催了。同时，尽管电子邮件不像写信那样正式，你依然应该注意用词、语法、拼写等。这些小细节都能体现你的专业程度。

## ▷ 公司网络政策

网络给你的公司带来巨大价值的同时也带来了巨大的风险。因此，制定一个公司范围内的网络政策很有必要。你要明确指出上网的规则以便保护公司数据，而不是对员工上网消磨时间、处理个人事务等行为睁一只眼闭一只眼。公司要为员工们发出的每一封邮件负责。

合理的上网政策能让员工们知道哪些事情可以做，哪些事情不能做。比如，你的员工们应该知道他们无论何时都不应该发送或保存有关性别歧视、种族歧视以及涉及版权问题的邮件。明确哪些网站员工可以浏览，哪些不能。例如，有不适当内容的网站或是占用过多工作时间的网站就应该被禁止。

你的员工使用邮件和网络所做的所有事情对公司来说都有着直接影响。不单单是浪费上班时间、滥用办公网络还有可能损害公司名声，甚至招来官司。

## ▷ 网站

玛丽珂·亨塞尔已经讲过如何利用公司网站做市场调研了。目前，合理利用公司网站越来越重要。它能给你提供多一层平台，让你向全世界展现你的产品与服务。不要在制作网站上吝啬：低水平的网站就意味着不专业的公司。

还有，时常查看你的网站的访问者。你可以安装一个简单的小程序，然后你就能看到你的访问者们都从哪里来，他们是如何找到你的，他们用的是什么浏览器，甚至他们的屏幕分辨率。

要记住，超过90%的公司使用网络来找生意。剩下的10%用网络来看看你做什么生意或是卖什么产品。所以，一定要让人们能够找到你的网站。

想要有自己公司的网站和邮箱，你必须注册一个**主域名**。这个域名能给你提供一个永久的电子邮箱地址和网站。在靠谱的注册网站上注册域名，注意别被忽悠了：一个以 .com 结尾的域名并不贵。你还要看清楚附加条款。有些注册网站可能会对转移注册信息收取费用。

## ▷ 网络会议

想一想出差的成本：时间，环境，利润……网络会议应运而生。

网络会议并不能取代面对面的会议，但是在你已经认识对方后,网络会议能节省彼此很多时间,并且能从你的团队那里收到更多、更及时的反馈。如果你要主持网络会议,以下信息可能对你有帮助:

- 确保所有参会人员的设备都正常工作:高速稳定的网络和一台电脑就能解决这个问题了。
- 当没有面部表情与肢体语言帮你理解时,仔细聆听对方的话很重要。
- 允许大家随时提问,并向参会人员提问以保证每个人都参与其中。
- 有一些资源可以让与会人员在不打断别人的情况下提问题。
- 要将会议上同意的内容落实到行动中来。网络的便捷性使得大家对执行的速度也有所期待。
- 网络会议可以被记录下来方便以后回顾。未能参会的人也能补看会议内容。

网络的使用覆盖率随着网速的高速发展变得越来越高。在家工作成为很多人的选择:不论你是自己做生意还是为大公司打工。我们甚至应该密切关注短短一年后的网络会发展成什么样子。让你的网络管理员密切留意网络的新发展,并且想想新技术能如何应用到你的公司中来。

就像电脑一样,网络的存在是为了让你的生意更加方便。记住这一点,让网络的价值最大化。

芭芭拉·索尔从过去15年左右的市场营销和计算机经历中积累了大量使用互联网的经验，不过她可不允许自己变成一个"极客"。芭芭拉热衷于让人们最大化地从互联网中受益。她总是说："使用网络并不难。你只需要记住什么可以做，什么不可以做。"

# BUSINESS WISE

销 售

# 销售是世界上最简单的工作

马库斯·科希

销售是所有企业的大动脉。如果你不这样觉得,那你最好改改观点。一个企业能维持下去的原因就是有源源不断的生意,以及源源不断的收入。事实上,很多企业都仅仅是建立在一个绝妙的想法之上,却没有未来。

做生意的一大事实是市场充满竞争,企业运营艰难。你的竞争者们试图从同一群消费者中赚取同样有限的金钱。而你面对的竞争者就是所有试图从那些钱中分一杯羹的人。因此,即使你的产品独特,你也依然面临竞争。你的竞争优势可能使你从现有的市场中脱颖而出,受消费者青睐,但这是远远不够的!本章节会毫无保留地帮助你开阔眼界,领悟如何赢得消费者。

## ▷ 你的目标市场是什么?

从你的目标市场开始,然后生产迎合他们的产品。千万不要试图给你的"好想法"寻找合适的消费者,因为这无疑会使简单的问题变复杂。寻找合适的消费者会使你难以入眠，经常加班，健康受损，家庭破裂，变得连你的孩子都认不得你！

因此，从一开始就想好你的受众，研究他们的习惯、压力、目标，调查哪些事情可能让他们丢掉工作或者向公司屈服等等。

好了，现在你有事情做了。

除此以外，还有没有别的方面可以一并讨论呢？

## ▷ 你可以帮你的潜在市场解决什么矛盾？

问问自己：你的产品或者服务可以给你的目标市场带来什么好处呢？把这个问题具体到每一个行业，每一个区域，每一个公司的每一个岗位，然后你就会彻底明白这些人群的想法。

其实所有的购买决策都是感性的，我们只是用理性为它正名。

接下来再问自己一个问题：你带来的这个好处可以帮助解决哪些现有矛盾？

你还可以问各种各样的问题，帮助自己理解现有矛盾，并让这些矛盾在潜在目标心中放大，促使他们来购买你的产品与服务。

## ▷ 为什么合理定位是销售过程中最有益的一步？

花一些时间了解你的潜在客户，然后当你自我介绍的时候，记得把你想传达的信息做私人定制。我们来假设你是一个小企业主。那么我要如何向你推销我的销售培训课程呢？

"我们帮助身处困境的企业，不论它们是身陷愿意打价格战的激烈竞争者们之中，还是空有好的想法却接触不到潜在客户，或者是负债累累、入不敷出、面临金钱与家庭等压力。不过我假设你的公司运营良好，并没有上述问题吧？"

将上面这段介绍与接下来的这段话做个比较："我们给企业做销售培训，这样它们可以用更少的钱在更短时间内赢得更多客户。我们会教您的销售如何打电话，如何应对反对意见，以及如何收尾。我们面向团队及个人，大小型公司，涉猎领域广泛，有超过180名注册培训师……"

看出来区别了吗？第一种表述是设身处地从潜在客户的角度出发，叙述他们关心的问题；而第二种则是介绍你自己如何如何。潜在客户可一点都不关心你的情况，他们关注的是如何解决他们的现有问题。

## ▷ 为什么口碑是从你问的问题，而不是从你提供的信息中来？

企业家、销售，还有技术人员们都一直坚持向不够了解的潜在客户做展示，因为他们错误地认为向这些潜在客户展示自己渊博的知识会促使客户买他们的产品。这种观念使得多数企业靠运气支撑到今天。还记得当你把策划书和价格发给客户时他们如何接连称赞你的产品吗，结果你却被客户们搞得如小丑一般团团转,最终草率做出决定,或者他们自己解决了问题,甚至把你的产品透露给你的竞争对手们? 这情景是不是似曾相识?

免费咨询是现在企业持续进修的一大来源。而你可能正在不得不面对咨询的同时浪费着时间、金钱、资源以及商机。你可能觉得给他们免费咨询是做成生意不可或缺的一步。我以前也是这样认为的:我怎么可能在不向客户讲解我的产品的情况下,就成功卖出产品呢? 这简直不可能嘛!

## ▷ 为什么潜在客户从不对他们自己的数据有异议?

事实上,还是有可能不宣传产品就做成生意的。你要意识到,在交易中,你需要收集信息而不是给予信息。你是来了解潜在客户的困境,分析并放大这个困境,再令他们觉得他们需要你的帮助。人们通常讨厌被动式的推销,更倾向于主动购买。因此,如果你告诉他们购买你的产品的种种理由,那会违反这个基本准则。把你的数据推销给客户会引发他们反抗和抵触的情绪,并有可能鼓励客户转向你的竞争对手。他们会喋喋不休地争论你的数据,直到你面红耳赤。

为什么会这样呢?

这是因为你没有花时间去让潜在客户感受到,你了解他们以及他们面临的难题。我知道,你很可能已经花时间做研究,问问题,了解客户的需要及他们的目标等等,但是这些并不足以使你鹤立鸡群。

## ▷ 为什么卖方放弃与买方维持地位平等的权利？

通常买方制约着卖方，并且卖方也对此无异议。这种现象叫作"弱者交汇处"。这个交汇处发生在当卖家相信"顾客就是上帝"并且遵从客户意愿的时候。例如："跳？没问题，跳多高？折扣？当然我们会给您一个满意的折扣。尽快送货？没问题。您想要一个抛光的版本？我们肯定能做到。"

卖家太弱势了。他们认为一切都由买方说了算。为什么？因为他们不知道如何让买方自认为说了算，同时实际掌握大局！

由于卖方并不会与买方提前签合同，所以他们无法断定接下来会发生什么。论据只能从销售人员每周无聊的例行会议中收集。在销售周会上，销售人员花费几个小时来捏造数字，预测成交额，再眼睁睁看它们变成空谈。"某公司答应我他们这个月内签合同。这笔交易比我预期的要小一些，不过我的联系人告诉我他会再努一把力。是的，我可能需要再用一些资源给他们的首席拖延官做个展示。不过你也习惯这样了，所以你会批准我再做个展示吧？"

我油嘴滑舌？是的。这是现状吗？是的。

你无法指责你的潜在客户做了一些你从未禁止的事情。如果你不从一开始就与潜在客户沟通一些基本规则，包括不找茬、不撒谎、不浪费时间，以及违反这些规定的后果，那么当这些情况发生时，你只能自食其果了。如果你的潜在客户故意浪费你时间，然后在做决定时人间蒸发，可不要抱怨哦！

## ▷ 态度问题：为什么卖方总是受限于自己的思维定式里？

态度问题可以用行动治愈。卖方以及企业总是花费太多准备时间去达到"准备好了"的状态。我见过成百上千个卖家做策划，调研，前期准备，以及一切可以避免打电话推销的事情。抽根烟，喝杯咖啡，发邮件，打所谓的"跟进电话"给一些并不准备购买却不好意思拒绝的亲友们，清理微波炉，熨衣服……任何事情看起来都比给潜在客户打电话重要。

其实，他们只是害怕被拒绝，于是逃避而已。

## ▷ 为什么你必须说"不！"？

想一想你的销售渠道。里面很可能都是高度合格的潜在客户，他们有合适的预算并且愿意合理使用，他们是你目标市场中的决策者，并且他们有能力按照进度表来启动或者完成这个购买，对吧？这些潜在客户可不是一些没规没矩的小喽啰，是不是？

你的任务就是用最少的资源和时间把不好的潜在客户过滤掉。有可能的话，在做市场调研时就过滤掉这些耍赖的，而不是在项目进行到一半时才采取行动。因为那时你很可能已经浪费了四个会议、两个展示、两份策划书、无数评估、谈判甚至一些高管的时间！

尽早说"不"。你可能会错过一两个好的生意，但是相比那些代价高昂的销售会议，偶尔犯一些错误总比重复性犯错误导致大量资源浪费要好吧？

## ▷ 为什么让销售渠道始终充满合格客户是你的第一要务？

试想你有一个高质量的客户，或者十个高质量客户。哪种情况让你更有信心发挥长处？哪种情况让你敢于从不好的交易中脱身？

再试想一下：你的销售渠道中有一百个潜在客户，但是水准参差不齐，又或者只有十个客户，但是你对他们知根知底，哪种情况让你更有信心合理分配时间和资源？

## ▷ 为什么需要重视客户的终身价值？

一个没有预测能力，或者没有发展眼光的销售人员（甚至是客户经理）在经济萧条时简直毫无用处。即使经济向好，这类销售人员的存在也会将你的企业置于激烈竞争中。正如客户经理们不积极管理账户的波动，他们只能算是记账的。不会电话推销或者不会网络社交的销售人员就像一把钝的菜刀。他们不仅浪费钱，还会把你辛苦建立的优势拱手让给你的竞争对手们。而且他们会管理这些账户三年、五年，甚至十多年。如何评估被一个销售人员毁掉的潜在客户的终身价值？一个订单平均价值多少？几万，几十万，甚至几百万元？他们一年消费多少次？一次，两次，四次，十二次？你的客户合作期通常是几年？一年，三年，五年，十年？你的客户平均会推荐多少其他客户？一个，一季度一个，或者更多？

现在做一做乘法，算一算你公司的损失。一个差劲的销售人员给你的公司带来的损失是这个数字的两倍，因为你失去这个客户的同时你的竞争对手得到了这个客户。你对此作何感想？

**马库斯·科希**在他20年的销售生涯中有17年都在失败中度过。他失败的职业生涯涉及招聘、广告、传媒、软件、电商、咨询等等领域，并且给他的历任雇主带来大约5 600万英镑的损失。这一切都是因为他以前不知道如何做得更好，而且他的管理层也不知道。

三年前，马库斯运用了新的销售策略。他的交易完成率从10%飙升至96%。但是他的客户们更厉害。经过马库斯的培训，客户们的年销售额经历了100%至600%的稳定增长，有一些甚至有1 000%的增长。是的，他们的销售循环期短了，销售更频繁，不过更重要的是，他们有主动权，并且知道下一步会发生什么。

马库斯培训过超过400个市场领域。他的培训高效直接，寓教于乐。他的客户们涵盖了销售总监、高层执行官、商业总监以及他们的销售团队。马库斯的客户们通常担心的问题有：他们错过了多少资金，怎样摆脱被他们的潜在客户牵着鼻子走，以及如何避免商业秘密被竞争对手盗用。

# 软销售——如何在不知不觉中做销售

理查德·J. 怀特

## ▷ 偶然销售人员

一大部分自主创业的人从未想过有一天他们会涉足销售。不过他们依然坚持创业，并且知道不管他们的生意是什么领域，想要有收入就意味着需要某些人愿意跟他们做生意。我称这类创业者为"偶然销售人员"。事实上我自己也是一个"偶然销售人员"。我本来只是想拉几个生意，并没有刻意追求专业的销售技巧。

我曾以为典型的销售就是劝人们买一些他们原本不想买的东西，以为做销售就要死缠烂打并且歪曲事实。当然了，这些观念完全是错的，不过它们也反映了我们和周围人对销售的态度。这很有意思，因为当我们遇到差劲的销售时，我们会向周围的人抱怨；而当我们遇到好的销售时，我们根本不会意识到自己"被销售"了！同为销售，为什么差别这么大呢？其实，当销售人员过多地关注自己而不是潜在客户时，潜在客户就会感觉自己被硬性推销了。这时销售人员在他们眼中就变成了"死缠烂打"，于是他们自然而然产生了反抗情绪。

## ▷ 温柔的销售方式

当最初开始做销售时，我对销售也有类似的抵触情绪。我从未想过做销售，并且我自身经历过的销售都很差劲。例如我曾经被卖玻璃的劝说去买我根本不需要而且很贵的双层玻璃，还有那些数不清的念课本似的电话推销。我可不想变成那样！我做的是咨询，不是推销！可惜，随着我步入中年，我渐渐意识到我如果想要升职加薪，那么我就必须给公司找几单生意了。

有了这些先入为主的反面观点，我学到的每一个销售技巧都似乎在印证它们：销售就是忽悠人们买东西。可是在我的内心深处，我坚信一定有一些不需要吹嘘得天花乱坠的销售方式。我开始寻找这样的好销售，并且渐渐学到了不少东西。尽管我的销售生涯开头不怎么样，但我渐渐接触到一些关于销售心理学、动机以及语言艺术的书，也逐渐明白销售不仅仅是技巧。随着我深入了解人们，我愈发对销售得心应手。

## ▷ 软销售是一种心态，而非技巧

软销售的销售技巧与传统的销售非常相似。最大的区别之处在于软销售是顺应人性的，而不是与人性对立的。软销售并不是一种销售手段，它是使用销售手段的人持有的一种心态。那些不喜欢做销售或者销售成绩总是不理想的人很可能是心态不对：他们很可能没有顺着人们的本能来做销售。举个例子，如果有人在你面前咄咄逼人或者满嘴谎话，那么你会本能地排斥这个人。而且我们的本能会使我们更喜欢跟自己相似的人。本能也告诉我们当事情涉及自己的钱财时，我们会特别谨慎，避免承担风险。

与传统的将产品与服务硬性推销给消费者不同，软销售从目标群体的心理入手，找到能激励他们购买的动力，然后将你的产品变得有吸引力。这个过程其实是软的人际关系型的销售技巧与硬性的推销的平衡。业绩好的销售人员与业绩一般的销售人员在技巧上并没有太大区别，更多的是他们处理人际关系的软能力的不同。一般的销售人员大多很讨人喜欢，但是由于他们做销售的途径偏向于硬性推销，这类型的销售人员很难通过赢得消费者的信任来提高业绩。所以，你表现得越不像一个销售人员，你越有可能赢得潜在客户的信任！

### ▷ 顾客关系建立在信任的基础之上

人们倾向于与自己喜欢并且信任的人做生意。除非是小额的低风险交易，否则在你的第一笔交易成功之前，人们是绝不会跟你谈生意的。这不是针对你，这只是人的本性。正因如此，当我与刚进入销售领域的新人一起工作时，我总是引导他们正确思考并了解他们的目标群体，而非传授销售技巧。为什么呢？你可以有很多销售技巧，但是如果你不讨人喜欢或者不可信（或者两者都有！），那人们依然不愿意从你这里买东西。其实，越是金额大、风险高的交易，信任所占的比重就越大。如果你想轻松地销售产品或者获得忠实的长期客户，那么发展良好客户关系并建立相互信任是你成功的不二法则。我不断地向这个方向努力，而且不得不说，良好的客户关系比销售技巧重要多了。技巧很重要，但是客户对你的好感和信任更加重要。

如果你讨人喜欢但是不大可信，那你就会输给那些没你这么讨喜却更加值得信任的销售。如果你仅仅是讨人喜欢，人们会喜欢跟你打交道，但是这并不意味着人们会向你买东西。以我的经验来看，你表现得越像一个推销员，人们就会越不信任你。因为典型的推销员就是只关注自身利益：他们自己的销售目标，以及他们自己的需求。如果你销售的东西价值低，消费者可能不会在意；但是如果你销售的是高价值产品并且有长期服务内容的话，那么你销售的方式就很重要了。

## ▷ 你其实不需要电话销售

电话销售其实只是众多成功的销售策略中的一种。金牌销售专家弗兰克·弗内斯认为，电话销售就是你在别的销售策略上没做好功课的代价。业界的顶级销售们都觉得通过电话销售获得机会非常困难。与别的渠道相比，你需要花更多的时间和精力去建立客户关系并做成生意。通过熟人来组织会议就简单有效多了。尽管电话销售也可以适当变通，但其实对于"偶然销售人员"来说，有很多比电话销售更快、更有效的方式拉拢客户。

理想情况下，当你第一次去见潜在客户时，你就应该已经"被预售"了。"被预售"是指你的潜在客户已经知道你是谁并且已经开始信任你了。这样一来，你就不用花时间介绍自己以赢得他们的信任了。你依然需要走剩余的销售流程，但是在潜在客户心中，你已经是经过考验并值得信任的人了。

客户与销售的信任关系一旦建立，整个销售流程就简单多了。潜在客户会与你更加敞开心扉地交谈。而这种开放无保留的谈话也应该是每个销售的目标。正如马库斯·科希所说，越早发现这个潜在客户在浪费你时间越好，不然三个月以后才发现那就损失惨重了。因此在谈话的一开始就能确定机会，对于销售来说有很大好处。而要达到这个程度的一大问题就是：我们如何能加快信任建立的过程，尽早与客户展开有质量的交流呢？

有很多方法都能加速信任的建立过程。其中最简单的，尤其是对于"偶然销售人员"来说最简单的方式就是通过潜在客户信任的人建立联系。这就是所谓的推荐。销售人员非常喜欢推荐，而且他们通过这个方式节省了很多时间。潜在客户与推荐人之间的信任程度越高，生意就越容易做成。当然了，前提是你有自己的主张，而且潜在客户也有实际的需要。

▷ **客户推荐**

好的销售人员通常都非常善于使用推荐这一策略。客户推荐的秘诀就是：你向客户要求的推荐越多，他们就真的能带来越多推荐。如果你在销售初期就告诉潜在客户你会请求他们推荐新客户，那么当他们发现你的服务真的不错时，他们就会期待你提出这个请求。最初几次请求你可能会不习惯，但是次数多了，你就能表现得自如多了。切记一定要向客户提出推荐你的请求。

销售类的书籍总是把推荐简单等同于开口请求。这在一定程度上是对的，但是最好的推荐是那些能帮你与新客户建立信任关系的。相比起只是得到一些人名，最理想的状态是推荐能简化自我介绍的过程。自我介绍包含太多的主观因素，因此风险很高。了解了这个原理，你就会明白为什么与对方有诚实开放的谈话如此关键了。

## ▷ 人际关系介绍

有这么一句话：好工作不需要打广告，因为人们会推荐给别人。拥有一些值得信任的人际网会大大提高你在正确的时间出现在正确的地点的概率。的确，当你的人际网成为你的"眼线"，你就可以同时出现在好几个地点了。反过来，你也成为别人的人际网的"眼线"一员。这种可靠的人际关系在发展有效的人际网络中是不可替代的。

有一个理论说我们离美国总统只有六层关系的距离。通过我们的人际网络，我们可以快速找到理想的潜在客户。

有一些人认为，数量是检验可靠人际网的一种方式。另一些人则认为质量更加重要，而且你同一时间只能与一定数量的人保持联系。我认为这两种观点都对。当你刚刚开始发展人际网的时候，你需要大量接触不同的人，然后量变引起质变。即使在你的关系网建立以后，你也需要不停地与新的人见面，这样可以提高你的人际网的质量，同时也能弥补失去的联系人。能够为你人际网中的人提供新的联系人也是益处之一。

▷ **组织联盟**

联盟可谓是年轻企业快速发展的捷径了，它对于一些大的企业来说也很有用。咖世家咖啡与一些高级书店品牌（例如水石）的合作就是一个很好的例子。我上个星期在英国巴斯的时候就看到过这种景象：一条街上的两家书店内都有咖啡店。很显然，商家看到了咖啡店给书店带来的客流，同时去书店看书的人也时不时需要来杯咖啡。

联盟不仅仅是针对大品牌的，任何规模的机构，特别是一些成立不久、口碑还未建立起来的新企业，都可以尝试联盟。以下是一些成功使用联盟策略的小企业合作案例：

- 销售咨询与管理软件供应商
- 网页设计员与公共关系咨询师
- 电脑科技咨询师与远程备份服务商
- 写作教练与出版商
- 管理培训员与销售培训员

通过联盟，你可以通过目前与自己合作的人寻找你想合作的人。两种企业会互相补充，形成一个更强的联合体。在思考该与谁联盟时，你要想想你希望与什么类型的人建立联系，同时你的产品与服务能如何补充对方的产品、服务。

## ▷ 竞争对手

做相似生意的人们很可能铸成好的联盟并且简化你们双方的销售过程。对小企业来说，专注于一个利基市场比尝试面向所有人更容易成功。如果两个面向不同利基市场却销售类似商品的企业合作，那么当它们产生一些对双方都没用的线索时，任何一方都可能向另一方索要中间人费用，或者建立商誉。类似地，两个公司可以做完全一样的事情，只不过一个专注于大公司，一个专注于小公司。它们也可能产生对彼此没用的线索。

你可以向大的竞争对手提议在它们的名下销售你的产品与服务。也许在长期来看这不是一个好主意，但是它可以在短期内为你的企业带来现金流。

## ▷ 讲座

讲座和作坊可以作为发展可靠关系网的开端，特别是如果你想推广自己的产品和服务的话。如果你想推广的服务需要给潜在客户一些培训，那么讲座就再好不过了。你也可以利用你的人际网为你的讲座打广告。如果你卖的产品是低价值的，那么找一屋子人听你讲解比一个一个上门推销便宜很多。参会人员可能没有买东西的想法，他们可能只是想学点新的东西。在线讲座和电话讲座能帮你找到更多听众。这类语音课程可能不会浪费你很多时间，但是它们并不能发展可靠的人际关系。

人们的一个错误观念就是他们觉得可以把讲座转变为销售机会。这是一个很大的误解。听众除了感觉浪费了时间甚至金钱外，他们还会对你产生一种只想推销的观念。这些听众的力量很微妙。很多时候，他们会对别人提起你的产品与服务，而那些恰好需要的人会真的记在心里。会有更多的人继续参加你的讲座，从你这里受到启发。所以，记得在讲座结束后与听众一对一交流，为你的产品与服务寻找新的思路。

## ▷ 享受这个过程！

无论采用哪种方法，你都需要下很多功夫。在一开始多下功夫能弥补销售技巧的不足。一开始的时候你总会感觉奇怪甚至不舒服。但是熟能生巧，当你越来越有自信时，你就会越发享受这个过程了。

你会发现探索企业成功之道的过程不仅对企业至关重要，对于你自己来说也是一个自我发展的历程。你需要时刻探索人的本能与心理，以及你看待事情的态度。你也需要学会时间管理。这是一个美妙的过山车，我希望你像我一样享受这个过程。

**理查德·J. 怀特**是一位杰出的演说家、培训师和专注于引领销售时代策略的专家。他经常帮助非销售人员克服对销售的抗拒心理并且迅速发展企业。

　　理查德有工商管理硕士学位。他曾经在大大小小的服务类企业里担任过高级咨询师。理查德的专业核心领域包括销售与市场调研、领导力，以及可持续行为改变。理查德是一位神经语言教程的专家和培训师。

# 写一份成功的销售策划书

埃利斯·普拉特

在大多数公司里，策划书转变成真正的销售额的比例极少。即使在最畅销的销售书籍中，你也很难找到关于如何写一份好的策划书的建议。这篇文章从策划书的常见问题入手，为你提供写好策划书的实用建议。

## ▷ 第一部分：策划书的常见问题

在这一部分，我们会讨论分析策划书中最常见的问题，并且探索如何避免这些问题。

### 很多策划书都不成功

写策划书的最大问题就是：花了很多时间、精力写策划，客户最后却决定不买，于是之前的努力都打水漂了。

发生这种情况的原因是什么？销售专家们很可能会告诉你这更多是低质量的销售，而非策划书造成的。策划书要么总是在不恰当的时机被放到谈判桌上，要么连生意都谈不拢。策划书看起来挺简单的：无须跟客户直接交谈，无须追着客户求订单。你看起来挺忙的，但其实一点效率都没有。

因此，在你着手写策划书之前，应做好准备工作。你对潜在客户的定位越准确，生意越有戏。所以你必须明白：

- 用户的需求
- 用户的决策过程
- 你如何才能解决客户的问题
- 你想要如何表述

## 策划书耗时长且成本高

写一份策划书就要花很多时间了，但更可怕的是审阅每一份策划书都像是浪费时间的二次创作。负责审核的人每次都得看一样的内容。我们就经历过这种问题：找了半天保险涵盖的范围，结果发现它们在上一份策划书中已经写了。

因此，除非你有唯一正确的基础信息来源，否则：

- 买家很可能从不同销售人员手中收到完全不同的策划书。
- 你在不同文件、不同媒体上提供的信息可能对不上。例如你的网站信息和传单上的信息很有可能有出入。
- 谈判优惠条件的过程中如果有多人参与，那么可能有不同版本的策划书。

- 当你审阅策划书时，你会经常修改同一部分的内容。同样的错误会重复出现在不同策划书中。

### 销售策划书的目的是什么？

除非你需要列出大量专业细节或法律条文，销售策划书的目的其实就是将你和客户目前谈好的内容以书面形式记录下来。有时你根本不需要销售策划书：一封信就足够了。由于这个原因，市面上销售类的书籍很少涉及写策划书的技巧。

正如销售专家马库斯·科希爱说的那句话："记住，你的潜在客户永远看不到你做过的最好展示。"

话虽如此，以下两件事还是要记住：

1. 组织其实是相互连接的个体的复杂组合。你的联络人要找到合适的理由跟你做生意，因此你需要给他们提供充足的理由。

2. 在买家做出决定之前，他会思想斗争一番。这时候他会对比买东西的风险与后果，以及这个东西的价格。

因此，你可以将销售策划书看作一个包含很多内容的备忘录。例如：

- 买家的原有问题以及需要改变的原因
- 如何处理购买之后的一系列后果
- 为什么买家应该从你这里买东西（收益成本分析）

- 为什么买家应该现在就购买

此外,写策划书应注意以下几点:

- 策划书不应该代替口头协议
- 策划书不应该包含买方未曾预料到的方面
- 策划书不应该出现在销售展示中
- 策划书不宜过长

## ▷ 第二部分：哪些内容应该包含在销售策划书中?

### 有计划

有一个计划很重要,因为它能帮你确保策划书按时完成。如果有多人参与策划过程,它还能帮你明确分工。

你可以做一个清单,并且找一个不参与写策划书的人来做审阅工作。清单可以一目了然地告诉你是否达到了各项要求,还能告诉你哪些是你的强项。

### 含蓄表达需要涵盖的内容

你的销售流程(包括策划书)应该涵盖三个关键方面:

1. 技术方面

这包括产品和服务的信息及安装方法。这些内容通常是可量化并且有时间限制的。

2. 操作方面

这包括客户购买产品后应如何使用的信息，例如未来价值、产品质量，以及期望值等等。这个部分是向客户展示你的竞争优势的。

3. 信托及商业方面

这包括法律、财务、文化等方面。这个部分向客户展示你值得信任。

相比数据、事实、图片，你关于产品竞争优势的解说更能有助于赢得客户。但是请注意，不要明显地把这些写出来，否则会给人感觉你在吹牛。

## 卖单个产品

相比捆绑销售，卖单个产品更有可能成功。一旦你成功卖出第一件商品，你就离下一单生意不远了。简而言之，贪多嚼不烂。

## 建一个"有骨架"的文档

你可以将策划书分为几大块，并且给它们起小标题。这些小标题会给买家起一个引导作用。小标题还能帮助你保持前后一致。你也可以将各个方面的任务分摊给相关人员。

销售策划书在销售过程中有清单的作用：帮助你找到客户需求与你的解决方案之间的差距。你要想办法在给出优惠条款前填满这些差距。我们建议你可以围绕销售的几大步骤来有策略地写策划书：

- 你对客户现状的了解
- 方式方法（即解决方案及好处）
- 相关时间线和成本
- 你公司的简介
- 限制条款

策划书还应该包含以下内容：

- 附录
- 首页
- 摘要
- 目录

接下来我们具体讲解每个部分。

### 你对客户现状的了解

这一部分的目的是：

- 提醒客户他们的原始问题
- 帮助客户平衡购买收益和对风险的担忧。并帮助客户组织内的其他人明确购买的必要性
- 寻找销售过程的漏洞

- 包含以下小标题：客户的关键问题、客户的截止日期、客户的要求及决策过程等等
- 表现出你了解客户并且与客户同一战线
- 列出客户应该知道并同意的内容，这样可以让客户觉得"对对对！就是这样！"

很多成功的销售案例都有类似的方法：提醒客户他们过去经历的问题，并且告诉他们你能如何防止这些问题再次发生。有句老话"吃一堑，长一智"。这比谈未来的好处更重要。

### 方式方法

这一部分的目的是：

1. 展示你如何能达到客户的要求
2. 强调你值得信任。让客户明白你了解自家产品

因此，你需要描述以下方面：

- 交付的产品是什么样子的，以及它如何满足客户的需求
- 产品和服务能给客户带来的好处
- 你的解决方法与现有方法的比较
- 解决方法的实际实施步骤
- 目标实施计划，售后培训和支持，以及售后保障（如有）
- 你做的所有假设

- 为什么你的产品与众不同
- 客户需要投入的内容

## 好处

好处可以与方式方法放在一起，也可以单独列出来。

## 相关时间线和成本

在这一部分你应该描述：

- 时间线和这个项目的成本
- 如有可能，列出相关回报
- 付款的相关问题，例如增值税、货币、手续费等等

## 你公司的简介

当你准备策划书给客户时，客户应该已经认可你和你的公司了。

这一部分的目的是：

- 提醒客户你公司的亮点
- 告诉客户你的公司如何与众不同
- 帮助客户找到合理的购买理由

## 附录

你可以用附录来列出支持和补充信息，例如一些术语的定

义和具体的条款。

## 首页

首页应该告诉买家以下信息:

- 这是什么(策划书)
- 这里面包括什么
- 这是从哪里来的
- 联系方式
- 日期
- 如果策划书较短,你也可以把目录放在首页

## 摘要

在长的策划书中,你需要在主题内容之前写一小段摘要。摘要的目的是:

- 简明扼要地告诉读者他最关心的问题
- 强调对于买家重要的部分和你的解决方法

你可以参考每一部分的概览来总结摘要。

## ▷ 第三部分: 应对报价请求

报价请求常常给你带来一些挑战。

### 你在为两组人写策划书

通常来说,有两组人会审视你的策划书:

> 1. 买家,即为系统付钱的人
> 2. 用户,即使用你的解决方案的人

若想成功,你需要同时满足双方的需求。买家不会想要买一个用户体验不好的产品。与客户的沟通是应对报价请求的一大策略。它会帮你确认哪组人(买家或是用户)占据主导地位。

### 客户可能已经定义问题并对解决方法有大致想法

你可能不知道客户是如何定义他们的问题的,所以你要去找。有时候客户交给你的策划书是外包的咨询师们写的,所以你收到的文件可能并没有反映所有方面。一旦你明白了客户的问题,你应该把这个体现在你的策划书里。

如果可以,你应该试着约客户面对面交流,了解他们的主要问题。你需要与买家同一战线。

买家很可能自己有一套衡量不同解决方案的打分系统。

这就要求你要写一份能打最高分的策划书。你知道他们的决策条件吗？你能否试着找到它们？

我们推荐你:

> • 确保你满足他们那些必须满足的条件,并且在策划

书中明确表述出来。

- 严格遵守客户给你的策划书中的结构，但是在你的策划书中可以将内容细分，方便写作也方便客户阅读。
- 避免吹嘘或者空谈，这会让你给人不好的印象。

## ▷ 第四部分：写作小技巧

这一部分，我们着重于策划书写作的过程。我们会讲讲计划、写作技巧，以及一些写作小工具。

### 重视你用的词汇

这里有一些关于措辞的建议：

- 用简单的语言方便客户理解
- 有可能的话，用客户习惯用的术语
- 对你的术语使用保持前后一致
- 校对你的文档，确保没有错别字

### 使用简洁的展示格式

由于策划书很多时候是与客户确认他已经知道的东西，他很可能只会浏览你的策划书，因此有一个简介的展示格式很重要。请注意：

- 保持格式清新简洁

- 确保你的策划书有目录,并且有页码
- 确保你的格式和小标题前后一致
- 小标题要有意义,能描述每一部分的关键内容
- 尽量发给客户纸质策划书。如果你要发邮件的话,

尽量发 Word 或 PDF 文档,而不是一个网页

## 使用金字塔式的写作风格

记者们很喜欢用金字塔式的写作风格。具体来说包括:

- 在每一部分用一段引人入胜的小结开头,引起读者
的兴趣
- 在接下来的部分用具体细节支撑你的小结
- 在每个列表、表格、图片之前加一句话的介绍,让买
家知道这些图表是关于什么的
- 用主动的语调("我们会……")来避免语义不清

此外,我们还建议:

- 在小标题中尽量用名词形式
- 不要讲半句话留半句话
- 用靠谱的语气写作

## 给你的策划书注册知识产权

千万不要免费给客户做咨询,也不要给别人免费使用你的

策划书的机会！注册你的策划书，保护好你的知识产权。

### 使用正确的小工具

很不幸，人们最常使用的微软 Word 并不能很好地解决我们在第一部分提出的问题。我们用一个包含可重复使用信息的数据库来管理信息。这样一来，你可以：

- 只做一次改变，所有的策划书都可以跟着变
- 在策划书、传单、网站，及新闻稿中重复使用内容
- 同步署名策划书
- 引导写作者该写什么内容

## ▷ 第五部分：不要以为发出策划书就万事大吉了

销售过程并不止步于发出策划书。你需要定期跟进。在这过程中可能会有面对面的谈判过程。

如果你在一段时间内没有买家的消息了，不要害怕放弃这个策划。很简单，如果客户对你的策划有兴趣，他们会联系你表达他们的兴趣；如果他们没兴趣，那这个策划也不值得你投入更多时间了。

## ▷ 结论

除了一些你需要罗列的大量技术性细节和法律条款的情

况，你的策划书其实就只是你与客户达成共识的内容的书面记录。有时你根本不需要策划书。

如果你的策划书是用来回应报价请求的，那你可能要兼顾两组人（买家与用户）的需要。

记住，客户是从人的手里买东西的，不是从策划书。所以不要在错的时间点展示策划书。同时不要忘记，口头确认交易也很重要。

一个好的策划书会告诉买家你非常了解他们的问题所在，并且有一个能满足他们需要的解决方法。

人们用感性做出购买决定，但是会用理性给他们的决定找到足够的支持。

**埃利斯·普拉特**是一名资深销售及市场调研总监。他有超过十年的书面整理项目的经验，并长期教授关于销售策划书写作的在线课程。

# BUSINESS WISE

团队管理

# 团队及虚拟团队管理

威廉·比伊斯特

▷ 简介

团队管理影响着人们的日常生活：要么管理别人，要么被管理。对于多数组织里的经理来说，他们既管理别人又被人管理。

放眼世界，成千上万的人都有类似的处境。这些管理团队的经验累积起来能有巨大的影响。从一个层面来看，人们依然有关于管理风格的巨大争议；而从另一个层面来看，大家又出奇一致。管理团队需要考虑到涉及其中的人，因为每个人风格都不同。有一些风格能很好地互相配合，有些却不能。而且互动建立在一系列外在和内在的影响因素上。这就是人力资源的长处与短处。

如果你阅读这篇文章的目的是为了寻找答案，那么你最好不要继续读了；如果你是来寻找启发或尝试新事物，那么请继续往下看。

我们来想一想团队到底是由什么组成的。

　　最直观简单的回答：团队就是一群人聚在一起干同样一件事。当人们做不同的事情或者互相妨碍时，我们称之为团队功能失调。多数情况下，团队功能正常意味着大多数人在同一时间做着同一事情。团队里通常有特立独行者和开拓者提高团队表现，同时也有拖后腿或原地不动的成员拉低团队表现。

　　创造好的团队表现总是围绕领导力和文化打转。文化氛围好的团队互相配合，并且有组织归属感。领导者会考虑特立独行者发现的问题，掌控开拓者们发现的道路，并且指引大部队（特别是拖后腿的）向这个方向前进。领导力也包括对"团队毒药"的积极忍耐。这篇文章会讲解如何做到这一点。

## ▷ 团队是什么

　　出于学习目的，团队就是有共同目标的一群人的集合。

　　商业领域中有很多团队。不过体育领域中的团队可能会更好地诠释团队是什么。这些体育团队在一定程度上可以看作是商业团队。

## ▷ 业余爱好者团队

　　一个经常周日踢球的当地足球队有共同关注点和不同程度的技术。他们很可能偶尔练习，经常比赛。胜利与否时常取决于对方队伍如何。赢了大家会庆祝，输了也没关系。

　　队伍中的每个人都了解比赛规则，但是他们没有一个互相配合的比赛计划，每个人的技术也参差不齐。因此当他们面对强劲的对手时，业余团队可能很难适应。赢面小，输面大。在比赛初期团队可能不会放弃。沟通更多的是关于如何打比赛。

球员们的表现很大程度上依靠一个强大的队长。

## ▷ 专业团队

专业团队比业余团队训练更加刻苦，而且队员们一般会掌握基本技能以外的技术。基本技能很重要，拥有一技之长更是锦上添花。

每一个队员都知道比赛规则，同时他们明白对手也熟知规则。专业队员们有一个定制的比赛计划。想要赢得比赛很难，但是他们不到最后一刻不放弃。即使输了比赛，专业队伍也会把失败当作学习机会，队员们清楚地知道他们能继续留在队伍里的前提是要好好表现。通常来说，团队的沟通都是关于如何适应新的环境，而不是如何打比赛。

专业队员们自主行动，并且在情况有变化的时候听从领队指挥。

## ▷ 世界级团队

世界级团队选拔的是万里挑一的天才。他们比同行更加努力地训练，有时甚至超越自然极限。超乎常人的体能与技能是进入世界级团队的最低要求。同时，能自主表现并且有团队合作的能力也是一项重要指标。

每个队员都熟知比赛规则，也清楚对方会如何解读他的角色。他们有一个总的比赛计划，不仅仅是针对目前的比赛。赢比赛相对容易，而一旦输了，团队会深刻反省，甚至很可能发生改变。一般来说，只有在应对不寻常状况时，团队才需要沟通。

世界级队员们自主行动，并且听从有启发性的领导者的建议来做得更好，走得更远。

欧洲的莱德杯高尔夫球赛队伍就是世界级团队的一个例子。

## ▷ 虚拟团队

当队伍参与成员不全在同一个地方时，虚拟团队就产生了。即使核心队伍不是虚拟的，多数团队或多或少有一些虚拟因素（供应商很少与你的队伍在同一地方，但是他们也是团队至关重要的一部分。同理，顾客是不是也是团队的一部分呢？）。在虚拟团队中，由于缺少面对面交谈，队员之间的沟通时常有限，导致沟通不明确。

F1方程式赛车的队伍就是虚拟团队的典型例子。赛车手在比赛时要看仪表盘上的信息并且通过通信系统反馈给他的队友们（换轮胎人员、工程师、赛况分析师、设计师等等）。

马里奥·安德雷蒂说过："如果你觉得你掌握大局，那说明你开得不够快。"

虚拟团队可以是业余团队，专业团队，或者世界级团队。

## ▷ 商业团队

多数商业团队是先建立再慢慢发展的。通常商业团队里有业余但是有前途的初级成员，也有专业甚至世界级的成员。几乎所有的商业团队都是虚拟团队，并且要求所有成员（不论是远程工作还是在组织内工作）都做出贡献。

## ▷ 团队做什么

团队通常是有寿命的，即使时间长短不明确。组织里的操作团队经常被认为是一直延续的部门，但是当我们看那些部门的一个个具体团队，我们会发现它们并不是永久存在的。组织重组、人事变动、队员职业变动等因素使得现有队伍只有有限寿命。

还有一些团队是用来贡献特殊的产出或策略的。这类型团队有着已知的寿命，并且有着很明确的交付目标。

团队们在一起为了产出的利润而合作。

## ▷ 团队面临什么问题

所有的团队都在团队层面和个人层面面临各种问题。尽管每个问题都不同，但是问题大致可以分为以下一些种类：

### 团队失败

在一个极端情况下，团队可能什么事情都没做成。这就意味着这个团队止步不前，即使十分努力，却没有任何有价值的结果。

一般来说这种团队失败有两种原因：无能与偏离。前者是指团队的任务超出了他们的能力范围，甚至学习范围。后者是指团队明知没有足够资源完成任务却依然选择继续，导致团队忙得焦头烂额却没有好结果。他们在用错误的方式做错误的事情。

这种团队失败很少见并且很严重。对于经理们来说最大的挑战是尽快发现端倪并且快速解决问题。我们后面会讨论解决的方法。

### 用错误的方式做正确的事情

提前计划是确保任务正确完成的关键，但是仅仅做计划是不够的。一个好的计划告诉你谁以及何时应该完成某项内容。但是一个好的计划不会告诉你这项任务是否是通过正确的方式完成的。因此，经理的职责之一就是确保任务的完成质量能满足公司的需求。

通常来说这种队伍里有很多有推动力的人，但是这些人会导致整个队伍处在高压之下。他们不断地做一个任务，并且一旦发现成果不达预期，就会重新来过。

渐渐地，这种队伍就被推得离成果越来越远了。

### 用正确的方式做错误的事情

当过程和时间已知的时候,人们有时会把时间紧、难度高的任务用一些已经经过验证的高效方法完成。这就导致人们用高效的方法做没有好结果的事情。

通常来说,这类团队精力充沛。当他们完成任务时会深感自豪,但是当他们随后意识到结果并不适合的时候又会经历失望与沮丧。精力与自我信念推动着团队合作,队员们会重复做一件事很多次。

这种队伍经常"赶火车"似的又快又好地完成一系列任务,但是忽略了有些任务根本没必要或者不适合这么做。

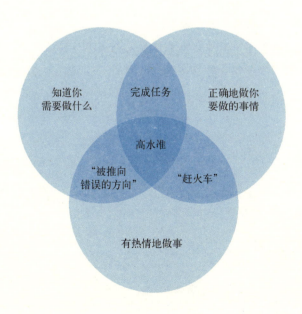

## ▷ 如何发现这些问题

找出引发上述问题的原因比较难，因为大多数团队在实际操作中或多或少都同时存在以上三种主要的失败类型。

### 团队失败

人们用错误的方式做错误的事情。

他们没有用他们的技能与经验做事。

他们也没有做真正需要完成的事情。

你可能会听到类似以下的话：

- "我不同意。"
- "这是谁的想法？"
- "他们不清楚我们这里是怎么工作的。"
- "我们一直都是这样做事的。"
- "不要指责我。"
- "我们尽快处理。"
- "为什么？"
- "对不起。"
- "这是谁决定的？"

你也会目睹：

- 无条理

- 在未完成的任务中跳来跳去
- 不情愿
- 不诚实
- 低沉沮丧
- 没有动力
- 工作质量低
- 产出的结果不合适
- 偷懒和缺席

## 被推向错误的方向

人们在做正确的事情，但是他们的做事方式不对。

他们用自己的技能与经验尝试理解需要完成的任务，并且一遍又一遍地尝试去做。

你会听到类似以下的话：

- "我的团队都很有动力。"
- "他们完全知道做什么，只可惜他们总是犯错误。"
- "他们非常有热情。对于目标非常笃定。"
- "这个东西并不难。"
- "没关系，再做一次。就应该这样做。"
- "我们能学到什么？"
- "每个人都在快速做事情，加把劲。"
- "有时我需要让他们等一等。他们超出别人太多，正在做一些无用功。"

- "对不起，我以前没做过这个。我会把它做好的。"

你会看到：

- 激情
- 有推动力
- 愿意重复做一件事
- 专注
- 调查研究
- 高积极性
- 低质量的工作成果
- 合理的产量
- 愿意持续工作并经常无偿加班

## "赶火车"

人们完成错误的任务，但是他们完成任务的方式是对的。

他们用自己的技能与经验做自己知道的事情，并且用他们已知的方式。

他们做的不是那些真正需要完成的事情。

你会听到类似以下的言论：

- "我的队员们很有水平。"
- "他们万里挑一，不过他们也可能没有我想的那么厉害。"
- "他们知道他们的课题。"

- "这事情比我们想象的难一点。"
- "为啥没有给我们想要的结果?"
- "也许我原本应该试一下?"
- "我以为他(她)知道的比较多。"
- "我们还需要再试一次。"
- "我们为什么总是在催进度?"

你会看到:

- 能量
- 坚持
- 意愿
- 幽默
- 沮丧
- 动力
- 高质量的工作成果
- 不合理的产量
- 时间紧迫

▷ 好的经理要做什么

对于团队失败型的队伍,你需要:

- 尽快招新

- 对于错误零容忍
- 时刻准备改换领队和结构
- 打造实施及发展能力
- 采用正确的训练方法

对于"被推向错误的方向"的队伍，你需要：

- 持续招新，直到队伍有足够的技能与经验
- 欢迎队员犯错误
- 控制队员的激情并引导其专注做事
- 打造能做好任务的技能
- 采用正确的训练方法

对于"赶火车"式的团队，你需要：

- 持续招新，直到队伍找到正确的做事方式
- 欢迎队员犯错误
- 从失败中积累经验
- 打造实施能力
- 采用正确的训练方法
- 让队员互换角色

## ▷ 如何分辨你做得好不好

技能与经验是我们所有人做任何事的奠基石。当我们需

要做一些新的或者不同的事情时,我们倾向于先试探一番:寻求建议并缓慢试验。在这个过程中我们必须从错误中学习并且摸索出正确的方法。

在我看来,多数情况下,企业的团队们都非常努力地改变并不断适应新的工作内容,进而在竞争中占据优势地位。团队能力是成功的根本因素。没有人能从业余团队一步跳跃到世界级团队。经理和领导们能做的就是引导团队加快这一进程。

招新很重要。如果没有招新,那么即使团队在别的方面异常努力,队伍依旧会持续表现得低于预期。对于虚拟团队来说,招新难,维持招新也难。因此虚拟团队需要留意能核实招新水平的技巧。

当一个团队用正确的方式做正确的事情时,这个队伍是有动力、有热情、渴望成功的。队员们会互相合作并且互相支持。他们还会帮助新成员尽快适应团队。在思想方面这样的队伍是不可战胜的。

**威廉·比伊斯特**是一家管理公司的常务董事。该管理公司专注于帮助企业领导掌控团队并促使其获得关键性的提升。

在1980年代,威廉曾参与设计一系列新的消费者保险产品。在1990年代,他参与了一个金融领域的并购。目前威廉正在积极参与社交活动,为他已经很完善的工作知识及经历锦上添花。

威廉还在学术网站上领导一个俱乐部。该俱乐部旨在发展一个覆盖全球网络的,让人们互帮互助、共同进步的平台。

# BUSINESS WISE

财 务

# 如何寻找、挑选及任用一个会计

马克·李

你的会计,记账和税务知识水平怎么样啊?

如果你像多数创业者一样,那么以上这些都不是你的强项。当谈论起这些话题时,你很可能目光呆滞。但是财务关乎你公司的未来。会计师和税务专家在一开始听起来完全是奢侈品,但是一年后你就会发现这个钱花得值。

那么你该如何选择请谁来帮你呢? 谁做财务重要吗? 简单的回答是: 是的。不同企业有不同需求,同时不同的会计和税务专家提供不同的服务,他们收取的费用也不尽相同。

在这一章里我会讲解如何找到适合你的公司的会计。我还会提到一些关于会计的错误观念并且告诉你一些值得问会计的重要问题。接下来你就可以放心扩张生意了,因为你的会计将给你提供及时的建议。

作为创业者,你很可能需要一个可靠、有价值、能提出建议、自信的会计。很多会计都能做到这一点。但是也有相当多的会计的资历不够或者没有兴趣这么做。因此你要确保你雇的会计是你想要的。

## ▷ 寻找一个会计

多数创业者通过以下方式寻找会计：

- *询问亲朋好友*
- *询问律师，银行家，或者相关企业*
- *从互联网上或者电话目录中搜索*

这些都是好的出发点，不过同时你也要记得找会计的初衷。当你刚刚开始创立一个小企业时，你可能不太明确你究竟需要什么样的会计。另一方面，一个不能满足你的企业需求的会计也很浪费钱。我在这一章的最后列出了一系列可能相关的服务，希望能帮到你。

创业者们常常做的是采纳他收到的任何建议，或者他能找到的第一个会计的名字。接下来只要这个会计声称他能做到你要求的事情，他就可以被任用了。他们"看起来"不错，而且也不贵。然而，如果你花几分钟思考一下你的需求，那么你可以从一开始就找一个更合适的会计。这样还能帮你省下以后再费时费力寻找新会计的时间。

## ▷ 在你找会计之前

你寻找会计的方式一定程度上取决于你是否有一个好的

商业点子，或者你是否已经营业一段时间。它也取决于你目前是否有会计以及你对企业的未来有多大野心。

一些人先开始自己的生意，一段时间后发现自己需要找一个会计来整理财务以及应对税务局等机构。这样在一开始没有规划地做生意并不好，因为当你发现需要一个会计的时候就太迟了。做正确的选择非常重要，而你的会计师很可能是你唯一的建议专家。

有一个需要尽早考虑的问题就是，你想把企业注册成公司制企业，独资企业，还是合伙企业。

很多人把他们的"企业"描述为"公司"，即使这两个词的意义并不同。这里我们并不讨论公司制企业与别的企业形式的不同。但是现实中很多人很快地选了一种形式，因为他们听说这种企业形式有税务优惠。但是这并不意味着这种企业形式适合他们。除了税务原因以外，你还有别的必须使用公司制来做生意的原因吗？其实这还取决于很多因素，你的会计师应该能帮你选择。可确定的一点就是公司制企业形式相对容易融资，而且你的银行也会更喜欢面临严格监管的公司。

现在，容许我指出一个很多人难以理解的现实：你的企业是一个独立的法人。如果你建立一个企业，你要记住企业的银行账户和其他财产并不是你的，所以你不能随意从企业的账户里取钱。

你需要决定你是否想要回避这些问题并且拥有一个把一切事情替你打理好的会计。或者是一个尝试帮你理解这些问题，然后由你来决定如何做的人。这些服务要花多少钱？注册成有限责任公司的成本以及好处有哪些？你觉得这值得吗？很多人认为值得。也有很多人没有意识到他们其实是可以选择企业形式的，于是这些税务优惠就被额外增加的会计师费用抵消了。

▷ 资格认证

多数创业者们并不知道，"会计"这个词可以用来指代不同范围的人。它并不像"牙医"这样指代那些有资格检查你的牙齿的人。

任何人都可以称自己是会计，即使他没有任何专业资格认证。但是一旦触犯法律，需要面对惩罚的人是你，而不是你的会计。

当你想要找"会计"的时候，你可能想找一个能提供多种服务的人。你可能不知道你到底需要哪些服务，所以你要去问。作为一个创业者，你不能只选择最便宜的服务，你至少需要确定你选的服务能满足你的需要。

如果你很认真地想要赚钱，那么你可能想要找一个有专业执照的会计。这样的会计通过了很难的考试，并且是一些专业会计师事务所或者税务机构的成员。这就意味着你的会计需要遵守一些严格的职业道德准则，并且他们会提供更可靠的服务。这也保证了如果你没有得到承诺的服务，你可以向他所在的专业机构投诉。这些专业团体的规范能力是很强大的。

在英国，一些最常见的会计相关专业团体有：

注册会计师ACA或者FCA：英格兰及威尔士注册会计师

协会成员

注册会计师CA：苏格兰注册会计师协会成员

注册会计师ACCA或FCCA：注册会计师协会成员

注册管理会计师ACMA或FCMA：注册管理会计协会成员

注册税务师CTA或ATII：注册税务师协会成员

还有一些入门级别的资格证书包括：

AAT：会计师协会成员

ATT：税务师协会成员

听从专业人士的意见比采纳你那些整天吹牛的朋友的建议可靠多了。专业人士能给你一定程度的质量保障。税务局的人知道专业人士不会捏造账本，所以他们调查你的可能性就小很多。不过，最近英国税务局也在改变作风，开始考虑很多因素。所以雇佣专业人士也不能保证税务局就一定会放过你了。

## ▷ 向你的会计师候选人问问题

你的会计师可以成为助你完成创业野心的关键财产。为了达到这一目标，你可以自己做出明智的选择，而不是全靠运气。

有了这样的共识，你应该在做出正式决定前至少与三个会计师见面。多数会计师会免费与你会面，因为他们也想试探一下潜在的客户。如果你走运的话，在这个免费会面里你说不定还能得到一些好的建议呢！

如果有人向你推荐了某个会计师，问问他对这个会计师的印象如何，以便在你面试会计师时作对比。

**你会提供哪些创新的商业建议？** 一个好的会计师应该能快速举出一些有创意的例子。要求你的候选会计师说出三个能让你立马省钱的建议。让他们举三个曾经为其他企业提供的建议。

**你有多少跟我类似的客户？** 想想这个情景：你雇用了一个会计师，以为他对你的生意有基本了解。随后却发现他以前从未有过类似的客户。为了避免这种灾难，提前问一问候选会计师有什么样的客户。在这个过程中，你会大概知道这个会计师有多忙，是否有足够时间为你提供支持等。

**你如何收费？** 你的候选会计师是否会提前与你商量一个封顶的收费？他能否在企业的第一年里收取固定费用？如果该会计师是按照实际所花时间来收费，那么他应该能根据与你类似的客户提供一个估计的费用。如果他无法给出一个大概花费，那么你就应该重新考虑他到底有没有相关经验来帮助你了。

**你每小时收费多少？这个收费标准多久更新一次？** 很多会计师还是只根据实际花费的时间来收费的。即使是那些收取固定费用的会计师们也会对更复杂、更临时的工作按时间收费。确保你问清楚该会计师以及他的员工和同事的每小时收费标准。你还应该弄清楚他们是否向你实报实销相关费用，还是会收取差额。问清楚一个简短的电话是否会被收取最低费用。如果他们真的对两分钟的电话也收费的话，快跑吧。

**你多久结算一次费用？** 你是否需要每个月付一次款？利

息是多久加一次？每季度？每半年？还是每年？你应该避免任何多于两三个月的累积费用。

**我如何能省一些会计费用？** 一个常见的方法就是将所有的文件都按同一方法归档，最好是用你的会计师推荐的方法。如果你就像多数创业者一样，那你会发现这挺难保持的！另一种方法就是雇一个记账员来整理你的会计记录。这样一来你的会计师或税务师只需要专注于他们的长项即可。很少有人会付钱让会计师来记账，因为这比你自己雇一个记账员要贵多了。

**你的事务所有多少合伙人？** 一般来说，选一个跟你的企业差不多规模的会计师事务所。不过你也要为以后着想：你的企业以后可能发展壮大，于是需要更多有不同专长的合伙人。会计师事务所越大，收费就会越高。一个最小型的事务所可能就可以完美解决你的需求。

**你通常如何工作？** 你是否能较容易地与你的会计师电话沟通？你们能否发电子邮件沟通？你多久能拿到报税？你的会计与你沟通的频率如何，是否是在每项准备工作完成时？你的会计是否会就重要税务更新来通知你？

**你的事务所还提供什么服务？** 你可能也会受惠于事务所的电脑系统或个人理财指南等服务。

**我能否和你的其他客户谈谈？** 一个好的会计师应该会乐于将你与他的其他客户联系起来。你应该确定这些客户也是像你一样的创业者，而不是有着完全不同需求的客户。

**我为什么应该与你合作？** 这是最后一个问题，你应该让你的候选会计师谈一谈你为什么应该雇佣他。看一看你的会计师能否为你介绍一些有用的人，包括潜在客户、供应商、银行，以及投资人等等。光说不练假把式，所以你要采取进一步行动。问问你的会计师他以前为客户做的介绍以及结果如何。

▷ **你的会计师水平如何？**

好了。自从你雇了会计师以来已经有一段日子了。你有很多机会来考虑他的表现是否达到了预期。

有一个充满争议却非常有效的方法可以决定你应该继续任用这个会计师还是另寻高人。这个方法看起来太明显了，但是只有真正懂的人才能解释这些事情。方法很简单：如果你觉得这个会计师不合适，那么他就没有通过测试。好的会计师会让你感觉你得到了好的服务、好的建议，物超所值。如果你是觉得会计师"还行"的大军的一员，那么你就错过了与一个更好的会计师合作的机会。

你的会计师必须是你的生意伙伴。不论你最后选谁，你都要与他保持良好关系及信任。不对的人会为你带来巨大损失。

**马克·李**是一个热忱幽默的演讲家。他乐于帮助自雇者、创业者以及企业主们避免由于不合适的会计师而引起的沮丧。

马克在同行中享有极高声誉。他曾经是英国注册税务师学院的主席。他现在不再从事税务师职业，所以他可以在没有利益关系的基础上提供建议了。

## ▷ 附录

一个创业者从会计师那里能获得哪些有用的建议和帮助?

- 审计服务[①]
- 记账服务[②]
- 企业补助
- 企业策划及现金流,包括定价
- 个人报税[③]
- 电脑记账系统
- 与税务局打交道[③]
- 建立合适的会计系统
- 确立业务流程及控制措施
- 完成公司的法律责任
- 提供会计及相关商业建议
- 提供企业税务建议[③]
- 提供个人理财建议[④]
- 提供个人税务建议[③]
- 投资[④]
- 与银行联络
- 为你的公司保留法定文件
- 管理会计
- 准备年度账户
- 融资

- 注册增值税及选择正确的增值税选项

- 做工资方案,包括管理者的工资

- 设立有限公司

- 提供省税的建议,例如如何为你的汽车和汽油钱获
得最大税务优惠

- 税务优惠申报[3]


**注释：**

[1] 你只有在年收入超过50万英镑或是银行要求的时候才需要雇
会计师做审计。

[2] 找记账员来做这些事情可能比会计师更省钱。

[3] 如果税务是你的主要关注区域,那么不妨找一个注册税务师
来帮忙。

[4] 金融监管部门对于这类型的建议有特殊要求,因此你可能需
要一个独立财务咨询师,或是找一个也有这个认证的会计师。

# 现 金 流

利亚姆·沃尔

## ▷ 简介

　　世界上所有的公司，从跨国联合企业到小小的创业公司，都有一个相同的特点。即使你觉得那些西装革履在高楼大厦里工作的人与你完全不搭边，也请相信我，你们是有共同之处的。每一个公司的目标都包含一个相同目标：有能力为企业主带来利益。对于大公司来说，他们可能有成千上万个所有者或是投资人。只要股价没有跌穿成本，他们都会期待分红。即使你刚刚起步的公司并没有所谓的股价，你也会期待它有能力支付你的薪水或是分红。

　　"我的公司我做主"的确是自己开公司的好处之一，但是你最终还是希望能赚到钱来买衣服、缴房贷、养家糊口。那些费用账户以及"免费电话"的确很有吸引力，前提是你的公司能赚钱。

　　开公司的一个最基本假设就是你觉得你的产品与服务有市场需求。既然有市场需求，那就一定有现金流了吧？

这个问题的答案其实取决于很多因素。这一章节会着重讲一些开公司前应该做的事情，以及公司运营时的常规事务。

▷ **警告！**

当你信心满满开公司的时候，你可能已经克服了对亏本的恐惧。从很多方面来说，这是好事。走保守路线永远比较安全，但是却不像创业那样有趣：看准商机，衡量风险，付诸实践。尽管我欣赏人们克服对亏本的恐惧，但是我并不建议创业者们对他们的法律责任视而不见。

如果你是一个公司的管理者，那么你要对企业的财务健康状况负责。如果你的企业是作为一人公司运营，那么你与你的"公司"并无实际法律分别。就像法律不会对买了东西不付钱的人仁慈，它也同样不饶恕那些有意或者无意资不抵债的公司。即使你已经准备好努力付出不求回报了，你的供应商们可不会像你一样善解人意。

我对你的警告就是：企业要有钱支付你自己的开销，同时还需要有钱支付给你的供应商和税务局。

能最有效防止公司没钱的状况发生的办法，就是准备一张现金流预测表。

▷ **工作原理**

在网络如此发达的今天，你能在网上找到许多讲解如何做现金流预测的网站。我推荐一个叫商业链接的英文网站：www.businesslink.gov.uk。这个网站着重强调准备以及使用现金流预测表时要思考的事情，而不是那些一步步如何具体操作的步骤。

▷ **现金流量表的框架**

一个现金流量表有三个基本元素：

- 现金流入
- 现金流出
- 净余额

前两项加起来就有了第三项——最重要的净余额。

▷ **现金流入**

这一部分通常会显示顾客付给你的钱以及预计付款日。你可能需要为每一个客户单独列一行并且标注相关账单或者订单号码。这样即使以后事情有变化，你的现金流量表也能迅速更新。如果你的公司注册了增值税，那你要注意增值税最终是要上缴税务局的。因此你应该将账单上的增值税部分单独分开。

这一部分还包括你或者银行向公司的投资或者贷款。

▷ **现金流出**

你的企业会有一定的大额支出以及一些小额支出。多数公司都要支付薪水和物业费用（租金，水、电、取暖费等等）。这些费用占到公司总成本的60%到85%。当然了，如果你在家办公的话，那么最大的支出就是薪水了。

明确几项大支出的目的是为现金流预测"指明道路"。有些成本过于细小，以至于准确预测它们反而会浪费大量时间，并不划算。有那个时间，还不如努力将大的固定支出预测得更准确一些。比如说，即使你预测的买办公用品的钱与实际支出的误差高达100%，这对公司的影响并不大。相反，如果对租金预测不准确的话，那么影响就很可能比较大。

▷ **时间**

对于现金流来说，时间就是一切！

客户需要知道他们付给你公司的钱是否会被过度预支。通常来说，现金流预测是在一定时间范围内的，例如几周或是几个月。尽管有些公司需要每天都做现金流预测，但是说实话我觉得没必要。多数企业每周做一次预测就足够了。因此我推荐现金流预测的频率保持在每周一次。如果你每个月的交易数量较少，那你可以考虑一个月预测一次，只不过这个预测相对难以解读。比如说，你需要在一个月的第一周把所有的成本结算掉，但是你的客户们却在一个月的最后一周才付钱给你。这个月整体看起来运营良好,但是实际上中间的两周处于过度支取的状态。

最后,最好能将你的付款日期与收款日期安排在同一周,这样你的账户上永远都有余钱。

## ▷ 每天更新?

接着上文的话题,你接下来肯定会想,多久更新一次比较好? 以下的部分会讲企业运营前要做的事情。但是一旦开始运营,你就应该每周做一次现金流预测。如果你的公司没有太多交易,你可能会认为:

"交易少说明我可以不那么频繁地更新现金流预测。"

但是我觉得你应该换个角度看问题:

"交易少说明我更新现金流预测时不需要花太多时间。"

现金流预测是一项非常重要的技能。熟能生巧。在你的生意规模扩大并且形成一定模式之后,你就能更快、更准确地预测现金流了,因为多数支出在数额和时间上都是固定的。

## ▷ 公司开始运营之前

在公司正式运营之前,你要做许多准备工作以确保万无一失。我承认多数公司或多或少都需要一些运气成分，但是全面的研究与理解至少能让你不需要那么多运气就能成功！

在这一阶段你应该花时间努力将现金流量表做得更准确。你需要搞清楚一系列问题，而这些问题大部分是关于商业计划的。简单来说，你需要一个能带来净现金流入的商业计划。

现金流出的部分一般来说比较好预测：员工薪水和其他支出通常都是白纸黑字写清楚的。但是现金流入的部分就需要特别留意了。你要将以下部分理解透彻才行。

## ▷ 付款模式

你有必要明白你采用的付款模式是哪一种，这样你的顾客就心中有数了。在一些行业里，现金或是资金清算比较常见。而有一些行业的标准做法则是在账单日期30天内付款。很明显，第一种结算方法保证了收款与销售的同步性，而后者则有一个销售与收款的间隔期。这个间隔的产生是因为你在收到钱之前很久就要交付产品。

尽管我们不应该无视行规，但是不要想当然地觉得行规无法改变。比如说，多数的会计及税务服务行业的付款规则都是先完成服务后付款。但是这种模式并不适用于所有客户及事务所。会计服务费用一般来说比较高，这就意味着客户一时间可能没有足够的现金付账。针对这种情况，有些事务所建议客户每个月在他们的相应账户上预存一笔钱，这些预付款会在最终账单出来后做相应抵消。这样一来客户方面可以有效做预算，事务所方面也能更好管理现金流以及信用风险。

即使你所在的市场采用后付款模式，你也可以向客户建议早付款有折扣的选项。显然，这种付款方式对那些有合理现金资源的客户来说比较适合。

不论你最终采用什么付款模式，你应该一直努力提高客户的付款速度。如果你的运营模式自身就有成本与收入的间隔，那么你就要寻找资金来弥补或是向银行借钱。一般来说，银行不喜欢意外，所以你最好把这个放进现金流预测中，而不是等到没钱了再去找银行。

▷ 顾客数量

首先，你要估计你有多少顾客，以及要花多久时间获得这些顾客。没有营业额就没有生意做。你会有一个顾客还是十个？一个顾客比较容易服务，但是有十个顾客就说明你的公司并没有特别依赖某个客户。每个客户会下一个订单还是十个订单？你要花一个月还是一年时间赢得第一个顾客？

▷ 定价

当你大概知道顾客数量以及要花多少时间来获得他们，下一步你就要考虑定价问题了。定价问题需要慎重考虑。在一些市场中顾客对价格非常敏感，所以你可能根本无法定出比竞争对手更高的价格。而有的市场里价格并不是决定性因素。当你获得竞争对手的定价后，你要思考一下你自己的定价系统。

## ▷ 付款条款

接下来你要想一想顾客想要的付款条款。不同市场有不同的付款模式。举例来说，招聘机构通常是先服务再付款。这就要求他们先垫付为求职者找工作的一些成本（员工工资、办公费用、广告费用等等），直到求职者真正开始工作。

最后，当你确定了预计的顾客数量和定价，你要把这些信息整合到现金流量表的现金流入部分。

## ▷ 哪里出错了？

到目前为止我们强调了做现金流预测的重要性，并且指出现金流预测能让你远离法律的"高压线"。但可悲的现实是，多数企业最终还是因为现金流问题倒闭了。这就说明我们要反思，为什么现金流出了问题。

## ▷ 信用调控

多数企业都是由诚实且合情理的人运营的。他们会为享受过的产品与服务买单。但是，经营公司并不轻松，而那些有些年头的老公司可能会耍赖。即使它们同意了你的条款，也不会主动付款，除非你要求它们付款。还有一些公司内部系统比较混乱，它们可能根本没有意识到你发出了账单或者它们还没付款。还有一些公司则是经营不善，根本没有足够现金。这种公司就是濒临倒闭的公司，它们现在没有现金，以后也不会有了。

基于以上情况，你必须在账单到期时主动出击，要求顾客付款。那些老公司会出于尊重付款；那些系统混乱的公司会感谢你的提醒；而那些深陷现金流危机的公司则会保证以最快速度付款从而让你放下电话，但是一两周之后你就会意识到这是个问题了。

对于这种顾客，你要尽快撇清关系，否则你会发现你成了他们的最大供应商（因为别的公司不与他们继续做生意了）。当你的公司四处找客户的时候，你的确会倾向于接收一切顾客。但是请记住，那些无力支付的顾客简直就是从你的餐桌上偷食物。

▷ 信用审查？

当然了，有人会建议你审查一下顾客的信用评分来判断值不值得为他们服务。这个审查的费用并不高，但是我记忆中却有一些失败的例子。首先，这个信用评分是基于历史行为给出的打分，因此它总是过时的。其次，快速发展的公司总是信用评分过低。我曾经与一个信用评分低的快速发展型公司合作过。他们买了 1 000 万英镑左右的电子通信器材并且按时付了款。如果供应商只是依赖信用评分的话，那他们就会失去一个巨额订单了。

这里的关键是要建立一个可行的机制并且理解它是如何工作的。确保你有相关文件证明顾客下了订单并且同意付款。

如果客户有自己的会计，他们通常会按照一定的模式付款。比如说，付款日可能是每个月的最后一天，或是账单日期后的第30天。如果你发现了这种规则，那你只需要留意那些特例，例如会计去休假了或是客户有短期现金流问题等等。

另一个小技巧是向顾客询问什么时候能收到付款。这个可以在账单到期前就做（帮助你做预算），也可以在账单到期后礼貌地为自己创造一个打电话催款的机会。

最后，当你做生意久了以后就会发现，总会有人不付钱的。所以你要接受生活并不完美的现实，并且用各种技巧最小化你的风险。

## ▷ 成本基础

随着企业成长，你会逐渐建立员工薪水、办公杂项、其他支出等方面的成本基础。在公司运营的前几个月或是前几年里，这个成本基础的设置要考虑仔细。当你的销售额下滑时，成本基础的问题就会浮现。当销售额刚开始下滑时，你并不清楚这是否是暂时的。如果下滑幅度过大，那么你很可能会入不敷出。

入不敷出的现象有时也会发生在运行良好的公司身上。诱因往往不在公司的可控范围内。如果你的客户经济困难并且停止买你的产品，那么严格来说这并不是你的问题，然而它的确导致了你的现金流危机。如果一个海外公司突然挤进你在英国的市场并且定价极低，那么你会发现自己毫无抵抗力地被卷进了价格战。

为了防止你的成本基础过高，我们有两种应对办法。

第一种，你要求你自己、你的工作团队、你的公司仔细监测市场发展。假如你的顾客70%都有信息技术行业背景，那么你就要留意他们的市场状况并预测可能出现的问题。如果你对客户的市场背景有足够了解，你可能能搞清楚到底发生了什么。

第二种，你要在签署长期合约之前慎重考虑。长期合约的存在会降低你应对临时的消极市场的能力。找一找更灵活管理这些合约的办法。比如说，服务型办公室能提供灵活组合的物业资源。

长期来看，最好的策略就是将固定与非固定资源相结合。

## ▷ 边际利润

新市场的新产品一般来说边际利润都比较可观，但是时间久了边际利润就会下滑。下滑的一部分原因来自竞争压力：消费者喜欢选择货比三家。还有一些来自商家自己的原因：他们发现自己现在所在的市场边际利润比较差，于是他们决定转战新市场，也就是你所在的市场。

如果你的公司无法继续获得边际利润的话，那么你就会面临现金流问题。

▷ 总结

多加练习现金流预测，你会逐渐习惯并且意识到现金流预测对公司的巨大价值。它让你能在高瞻远瞩未来的消费者与市场的同时，脚踏实地做好现在的事情。没有比现金流预测更好的信息系统了。学会做现金流预测将使你终身受益。

面对现金流并且搞定它！

这里是这篇文章的小结：

- 准备现金流预测表
- 根据现金流预测来避免潜在问题
- 谨记你的法律义务
- 审阅顾客提供的付款资料
- 打电话给顾客催款
- 留意你的成本基础以及长期合约
- 调控边际利润

**利亚姆·沃尔**擅长与快速发展的或是经历变革的企业打交道。他将自己的专业会计师背景与国际商务技能相结合，将关键问题用简单明了的语言加以解释。利亚姆的客户小到刚起步的公司，大到国际企业。他有自己的会计师事务所为小企业提供会计及金融服务。利亚姆曾与许多国际公司合作过，例如英国皇家歌剧院、CMS 律师事务所、MWB 控股集团等等。

# BUSINESS
# WISE

保持专注

# 在家工作的专业人士

西蒙·菲利普斯

注：**专业人士**指那些有偿提供服务，并且展现经验、诚实、信誉的人。

在这一章里，我们会谈谈那些在家工作的专业人士。首先，我们会探讨从一个群体里工作到单独在另一地点工作的艰难转换。然后，我们会研究如何在保持工作生活平衡的同时，最大化提高你的工作表现。这其中的挑战并不在于做更多事情，而是在于成为更高效的人：更高效地处理与他人的沟通，对成果更加负责，以及最终对未来更加期待！

## ▷ 成为在家工作人士

下面的图总结了一个人转换到远程工作的过程中要经历的"态度曲线"。

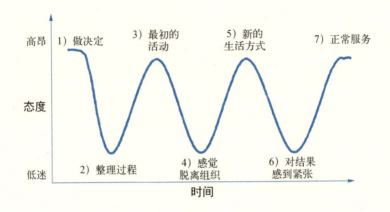

## 1. 做决定

决定在家工作的那一刻对很多人来说是很开心的，尤其是如果能自己做这个决定的话。

## 2. 整理过程

不过，在家设置一个家庭办公室会带来一系列挑战，包括：

- 家里空间不够
- 办公区与居住区混在一起
- 孩子和伴侣需要接受"训练"来重视你工作时需要空间的事实
- 很多情况会导致工作中断：电话、送货、邻居、停电等等
- 食物与电视的存在很大程度上降低了工作积极性
- 生活与工作混在了一起

### 3. 最初的活动

开始在家工作是很有趣的,特别是当你意识到在家工作比在办公室工作更高效时。你可以提前一小时就开始工作,因为你不需要赶去办公室。一旦你将家里整理好并克服了电子产品的干扰,你能在相对安静的环境里变得非常专注。

### 4. 感觉脱离组织

在家工作的人们抱怨最多的话题就是脱离组织的感觉了。他们怀念办公室的友情,怀念对咖啡机的嘲笑,怀念笑话与绯闻。有的时候,他们与他人谈话的需求是如此强烈,以至于他们会打电话给办公室里的人或团队里的其他人。除了这种社交孤立以外,另一个困难就是在家工作的人们要面对的技术困难。

### 5. 新的生活方式

就在你想要为这个在家工作的"试验"画上句号的时候,你发现你要为父母的银婚纪念日组织一个聚会。通常情况下,这个聚会的策划要在周末完成,很可能是在去超市买菜与修理洗衣机的间隙。不过,现在你有机会将这个策划过程融入任何一天中并且双倍高效地完成。事实上,你的生活比以前在城市格子间里工作时显得轻松许多。而且,社交网络使得你有机会接触别人并且消除我们之前提到的隔阂。

### 6. 对结果感到紧张

这是远程工作最难以管理的部分，但是如果你能坚持并且与同事及客户好好沟通的话，你的远程工作还是能顺利进行的。你非常愿意信任你远程工作的同事和供应商，但是你的脑海里总是不自觉地冒出很多问题：

- 他们有没有工作到足够的时间？
- 他们专心工作了吗？
- 他们跟进你们讨论过的事项了吗？
- 他们的进展报告是真实的吗？

我相信你能感觉到问题所在……很不幸，唯一一个合理的回答就是双方都要有效沟通并且保持"信任"，直到远程工作的人们能够展现出与在办公室工作的人一样的表现。明确地表明你的期望值，并且不断查看早期的进展，这是达到预期结果的最快方式。

紧张的另一个来源就是你为自己设置的目标：既然你远程工作，你就要更加努力来证明你的价值。缺乏比较对象会使你降低对自己能力的认可。

### 7. 正常服务

一旦沟通系统到位并且所有人都明确各方的任务，远程工作就像是在公园散步一样轻松了。真的！

## ▷ 生活管理的24/7系统

生活与工作的平衡是进入新世纪以来我们到处都能听到的高频词之一：酒吧里，健身房里，办公室里，新闻里，甚至是政治家们口中。事实上，英国政府曾经出台政策来鼓励雇主们配合家里有小孩的父母的工作时间。这么多年过去了，很少人真正受益于这个政策。他们情愿按照雇主安排的时间来工作，或者在自己的公司里不知疲倦地干活，期待能甩手享受生活的那一天。然而，目前的问题并不在于不合适的机遇，而在于不合适的思想。很少人花时间思考自己真正想要什么以及为什么。我的客户们形容他们在遇到我之前的生活是"在机场的旅客传送带上"。他们从18岁开始工作，但是人生过了一半时发现，他们深陷债务、责任、各种期待中不能脱身。这个24/7系统就是叫醒你的警钟。你的人生想要什么？你要从什么时候开始才能为自己的目标，而不是别人的目标工作？什么事情能让你开心？你如何调整来让自己的生活更加开心？

于是，使工作与生活平衡并成为更高效的人的第一步，就是问自己这些问题：

**"如果时间与金钱都不是问题，我想从事什么工作？我有什么热爱的事情？我想学习什么知识？我的余生想要怎样度过？"**

想想这些问题的答案，放飞你的想象力，假设自己回到了5岁。你真正想要的东西，你想要与谁共事，你想要在哪里生活，你想去哪里度假,你想要开什么车,你最想学习什么技能?

有了这个愿望清单,我们就可以从这些愿望里整理出一些目标了。很多人会提醒我,我给出的条件是"假如时间与金钱都不是问题",因此这个清单里的很多事情都只是梦想而已。然而,我对目标的定义就是"有期限的梦想"。我们周围的所有物品,在某个时候都是别人脑海里没有明确定义的梦想:电灯泡、直升机、网络等等。从你的清单里挑一个愿望并且为之设定一个期限,一个让你动力满满为之努力的期限。这能为你的生活带来的影响是不可低估的。你会发现你的动力水平提高了,你的内在自信飙升了,你让事情井井有条的能力也在提升。

不过,这些感觉只有在坚持的时候才会持续,而做到坚持的唯一办法就是合理安排优先做的事情。你的日常活动需要与你的目标保持一致,不然我们还需要目标做什么?

## ▷ 关于优先事项的最后一些话

在众多时间管理技巧中,优先权的安排是多数人不用的技巧。人们创建看不到头的任务清单,清理干净小公桌,流水线一般地与他人沟通。但是如果你问他们目前最先要做好的事情是什么,他们通常会说:"它们都要现在就处理好。" 很快,你就会发现这种缺乏优先管理的原因是缺乏理解:缺乏对应该用哪个系统以及如何使用该系统的理解。

我观察过的大部分人用的都是非常简单的系统,而且得到了很好的效果。

我要介绍给你的优先项管理办法，是我的一位好友尼古拉·卡鲁[1]发明的。他的方法的优秀之处在于简单的123排序。另一个优秀之处在于，他举例说明了那些高效利用时间的人们是如何使用这个123系统的。

## ▷ 123系统

当你安排一天的任务清单时，如果能直接给要做的事情排序岂不是很简单？ 123系统能帮你做到这个。类似地，如果能依赖你的直觉来安排优先任务岂不是更妙？ 123系统也能帮你做到。

123系统的原理是，它要求你只能优先安排三组任务中的一组。这些群组的着重点各不相同：

1=能直接帮助你完成目标的事情

2=能间接帮助你完成目标的事情

3=对你的目标没有影响的事情

有了你的目标，那么应该进入群组1与2的事情就很明了了。每一天你都应该专注于群组1和2里的事情，直到任务完成或是时间用完。长久来看，你的目的是逐渐减少花费在群组3上的时间，直到它们从你的任务单上完全消失。因此，这个系统

---

[1] 该系统以管理关注指数为基础，版权为尼古拉的公司所有。

的关键就是理解群组3。

实际上，群组3的任务正如上文所说，对于完成你的目标并没有任何影响。这并不意味着群组3里的任务就不重要了。比如，有人给了我一张阿森纳对曼联的足球比赛门票。能观看我喜欢的队伍比赛是我的荣幸，但是它并不在我的愿望清单上，而且我下周的日程安排也满了。我真正能去看这个比赛的机会只有群组1和2里的任务临时被取消或是推迟。

群组3任务的另一特征是它们能够委派给别人。这个委派是根据直觉和正确的原因。很多商业活动都根据错的原因来委派，通常是因为委派人觉得某个时期无聊又单调。然而，如果一项任务在你这里不能帮助实现你的目标，那么你就应该把它委派给别人，特别是那些能借助这个事情实现目标的人。回到我的比赛门票的例子中来，我会把它送给那些特别想去看比赛并且想买票的人，又或者是根本没有目标的人。

我知道你们需要知道这个系统能否涵盖你所有的任务，所以我做了几个问答环节来总结这个系统的实用性。

### 这个系统如何区分工作目标与生活目标？

这个系统不能区分，但是你能！其实你根本不需要将工作目标与生活目标区分开来。如果你要持续降低非工作相关任务在你的系统里的等级，那么根本没必要将生活的各个方面都区分开来。

### 如果我有两个事项而且有一个更加紧急，我该怎么办？

谁在乎啊？一个事情的紧急程度到底有什么实质区别

呢？当你遇到一个声称非常紧急的事情，这通常说明对方缺乏合适的计划安排。当你完成了你的群组1和2的任务之后再来处理它们，假如你还有时间剩余的话。

### 如果我的群组1里每天都有很多事情我该怎么办？

这说明你：

- 是人类
- 是一个非常忙碌的人
- 正在去某处的路上
- 正在为了目标而努力

然而，它也说明了你需要适当减少一下你同时想要达到的目标数量。马修·平森特说过，他在大学里只专注于两个目标：划船和学位。其余的所有活动，例如社交或休闲活动，都只有在完成了当日的划船和学习目标后才予以考虑。他的这个习惯一直延续到了现在。马修曾经获得了四块奥林匹克划船金牌，这就说明了这个策略是成功有效的。

### 如果一天结束我还有未完成的任务我该怎么办？

你能做的最好的事情就是反思一些问题：

- 这些任务真的能帮助我实现目标吗？
- 你接下来需要用到这些事情吗？

- 你在被动地等待一些别的事情的结果，并因此而影响了你的时间表吗？
- 它们有同样的优先级吗？

如果你对以上问题的回答是：它们依然能直接或间接地帮助我实现目标，而且它们需要尽快得到处理，那么就将它挪到下一个有空缺的日子。其他的任务可以挪到其他日期，或者直接从你的任务清单上划掉。

## ▷ 顶尖建议

看完了为什么要时间管理后，我们来看看四个关于怎么做的建议。我的客户们用这些建议戏剧性地提高了他们的整体绩效水平。

### 集中处理电子通讯

很多人因为电子通讯的及时性改变了他们的工作量甚至时间表。我见过很多客户，他们每周花高达10小时的时间在处理电子邮件上，几个小时发短信，整个旅程收发即时信息，剩下的时间泡在聊天室和论坛上。他们很多人都意识到这个状态需要停止了：它们已经严重干扰真正的工作了！如果想要做出改变，问自己一个问题：你发出去的信息有多少比例是真的需要立马回复的？答案通常是很少。即便如此，我们依然强迫自己立马回复收到的邮件。不要这么做了。集中处理这些通讯。你可以自己定夺处理邮件的时间长度以及频率,但是想好一个策略,无情地对待你的时间。你的风格可能需要改变,但是因此而节约的时间以及达到的专注度远大于负面影响。很多用了这一招的人们反馈说这个策略能将他们的效率提高50%到75%。

### 无尽的五分钟(感谢马克·福斯特的《如何完成所有任务并且留有时间来玩》)

在一个事情上卡壳了?想不通该如何顶着问题继续前进?你是否在一个小事上拖延了过长时间?试一试这个简单却极其有效的技巧。关掉所有的干扰项,拿一支笔,或是在电脑上开一个新的文档。设定一个五分钟的闹钟,把问题放到面前,开始写字。在写完之前不要看你写了什么,也不要检查你是否在自我重复。一直写,直到闹钟响再停笔。现在你可以读了。这一次标记出任何的顿悟或是新想法:任何对解决问题有用的信息。我的客户们都会非常讶异于这个简单行为的效果。你其实是在利用你的潜意识,它知道的可比你想象的多。

### 两点电话策略

如果你讨厌语音留言,那可能是因为你没有为这个电话做足准备。于是,你可能含糊挤出一个词就把电话挂掉了,你可能根本没说你为什么要打这个电话!这个两点策略能保证你的电话更专业,不论是谁来接听你的电话。在你打电话之前,写下两点信息:一是一些寒暄客套话,二是你打电话的原因。客套话是当你打断别人时至少应该做到的,也是当你需要留言时能做的最好的；而开门见山说明打电话的原因，是当你打断别人时能做的最好的，也是当你需要留言时至少应该做到的。

## 记住：印象就是现实

在文章的开头，我分享了专业人士的定义：

> 那些有偿提供服务，并且展现经验、诚实、信誉的人。

这里的关键词是"展现"。他人对你的印象会变成现实。如果你出品不稳定，错过规定日期（不论任何原因），或是不能有效沟通，那么这就会影响别人对你的印象，对你的工作的印象，对你的生活方式的印象。然而，如果你能营造一个自信的形象，建立信任，并且一路上都诚实表现，你就会被称为专业人士。所以，不要再被小事困扰了。努力成为能为他人带来价值的人，并且为你的生活与工作的平衡负责。

**西蒙·菲利普斯**经营两家公司：一家是培训及咨询公司，另一家是在线企业支持服务公司。在这之前，西蒙在一家管理公司担任高级经理并且专注于帮助企业及个人开拓新的工作方式。他最近还因帮助客户实施灵活的工作时间表而获得了英国国家培训奖。

西蒙也是《策略专家》新闻稿的作者。该新闻稿专注于帮那些新的野心勃勃却陷于苦恼的首席执行官们完美完成任务。

# 打败拖延症

妮科尔·巴赫曼

对于运营企业来说,实现我们定好的目标很重要。这就是我们设定愿景与目标的原因。

那么,为什么我们还是会常常发现自己偏离了定好的目标呢?我们总是花了太多时间在那些需要完成,但是却不能帮助企业实现成功的事情上。

阻碍我们的是长年累月的习惯与行为模式。我们不一定是主动去做这些事情的,其实更多的是出于潜意识。这就是为什么我们总是在挣扎,而不是用最短路线去实现目标。

长话短说,我们在拖延。我们总是把事情留给"明天"(拉丁语里"明天"的意思就是"拖延")。

好消息是:我们能停止这种行为。如果我们用情商来看待这个问题,我们是能做一些事情的。

在打败拖延症方面,情商比智商的作用更大。这是因为拖延症是一个非理性的问题。

在情感层面,有些东西将我们一直保持在拖延的模式里。而且那些觉得拖延症无药可救的感觉，其实也是这个模式的一部分。

在这篇文章里，我们会研究最常见的拖延症模式，发现它们，看看它们如何影响我们的感官，并且思考我们能做出哪些改变。然后我们会研究助你抗拖成功的新方法，这样你就能实现你的目标，将自己的企业带到你期待到达的地方。

我们从"点名批评"最常见的拖延症行为模式开始。

## ▷ 拖延症行为模式

1. **最后一分钟狂躁**：这可能是最常见的类型了，所以我们放第一个讨论。

人们将所有事情推到最后一刻，在最后关头焦头烂额，为了能按时交付而拼尽全力。

有的人喜欢那种肾上腺素飙升的感觉。有的人甚至将它与及时的时间管理混淆。

挺好玩的，对吧？如果没有你的同事、同伴、员工在后面不停地唠叨就更好了（"当然了，如果我有时间，我能做得更好"），但谁会喜欢那种一直等着你的感觉呢？

你是否也有过类似的同事、客户、供应商对你做过一样的事情呢？作为等待接收的一方，感觉就没那么好过了吧？

2. **避免努力**：这是一种非常有意思的模式。

你很聪明，有创造力，而且总是能做出正确的决定。因此这个事情对你来说是小菜一碟……

然而，当事情变得艰难，而你到了那个无聊的实施部分时，你会感觉很沮丧："我应该能很轻易地就搞定这个事情。为什么这么难呢？"

然后你开始惶惶然，担心自己无法完成这个任务，或是产生对于你需要努力才能完成工作的失望之情。于是你开始拖延甚至逃避这个事情。

3. **独行侠**：这在企业的掌舵人里非常常见。

你觉得你可以，甚至是必须，亲力亲为做每一件事情。

你可能是非常聪明、非常有创造力的人（如同第二点提到的那样），或者你有一种"如果我寻求帮助或者委派给别人做这个事，那就说明我没能力"的感觉。

这会产生一种被隔离甚至窒息的感觉。而且无法完成每一件事的你会开始拖延并逃避。

4. **被分析麻痹**：又是一个经典模式。

你要完成某个任务或实现某个目标。在你着手做之前，你开始分析要做什么事以及如何做这些事。这很好，因为你要一步步计划如何完成这个事情。

然而，当你做分析的时候，你开始说服自己这个任务必须要"正确地"完成才行。在你确定这个正确道路之前，根本没有必要开始做任何事情，否则你可能不得不将一些已经做过的事情推翻重来。

你不愿意在没有分析之前采取任何行动。但你越是分析，你越会发现更多问题，而这些问题需要更多的分析……

这种零风险模式会导致完全的行为麻痹，你的任务也不会有任何进展。

5.**选择失败**：这个有点超现实主义。

你讨厌失败的感觉吗？你是否会因为太害怕失败而直接逃避任何可能将你带入竞争的情况？欢迎来到选择失败的拖延模式。拖延症给你创造了一个完美的避免竞争的办法。逃避竞争就保证了结果一定是失败的。如果你没有参与竞争，那么你就能100%确定你不会赢。

所以你在花时间、花精力实现你讨厌的事情。有趣？奇怪？可能两者都有，不过这就是这个模式的原理。

你给自己创造了一个"如果我努力了，其实就能赢"的错觉。

不过，如果你认真思考的话，这个假设并不成立，于是它进一步增加了你对竞争的害怕。

6.**关注未完成的部分**：最后 · 种，但绝不是最不重要的。

我们都对这个挺在行的。有趣的是，这种想法源自于我们小时候所接受的"不要好高骛远"的教育。

这个模式让人产生"只要这个任务没完成，我就没有做成任何事情"的错觉。于是我们一直在攀爬任务的大山，而且只关注还有多少路要走。

这会导致我们感觉筋疲力尽："我永远都到不了那里了。"

因为我们从未停下脚步回头看我们完成的事情，我们倍感挫折然后放弃。

## ▷ 到底怎么了？

我们为何要如此折磨自己？我们意识到了这些问题，为什么不停下来,重新思考,并且做出改变呢?

这个问题的答案源于我们所学的处理问题的方式。

爱因斯坦说过:"直觉是稀缺的天赋,而理性是忠诚的仆人。我们的社会欣赏仆人,却忘记了天赋。"

在我们的学习过程中,我们被灌输用理性战胜直觉和内在知识的思想。只有那些能被分析证明并且能做逻辑性陈述的事情才能成立。当然了,很多领域的确需要我们做到这么具有科学性。

比如说,如果你雇了一个建筑工人为你建房子,那么你可能不会喜欢"感觉似乎能在风暴里立住"的房子。你会期待更加稳固的成果。

所以,在这种情况下用智商来判断是正确的。

不过,自从20世纪90年代情商的概念流行以来,越来越多的科学家认为用情商来衡量一个人的真实贡献与能力更加准确。

我们大脑的情感部分管理着我们的感觉感官系统,并且影响着我们的信念与假设。它们引领我们的期待与依附,并且影响我们的行为。简单来说,情商决定了我们如何看待自己:我们自己对自己的感觉。

对多数人来说,他们做的事情强烈地影响着他们对自己的认知:他们是由表现驱动的类型。他们非常关心自己做什么,如何做,以及什么时候做某些事情,或是应该做什么事情。他们通常对自己的表现能力有一定期望值,并且非常紧密地根据期望值去表现。

我们对自己的期待值和我们对其的依赖程度是由童年时期的很多因素决定的,包括我们对周围事物的印象、我们的父母与老师对自己的印象、我们同龄人的观点等等。

这些印象合起来形成了我们的自我认知。有趣的是,我们对自己的印象通常比对他人的印象要好,也比他人对我们的印象要好。

因此,当我们表现得不如自己预期的时候,问题就产生了。我们发现自己想象中的现实与真正的现实是不一样的。

取决于这个间隙的大小,我们对自己的怀疑与成见会导致我们越来越抵触去实现目标。我们开始低估自己。最终我们会停止实现目标,开始拖延,甚至直接放弃尝试。

如果那个"是什么","怎么样","什么时候"的模式不能扭转局面,那什么才能呢?

目的,或是原因。如果我们能紧紧把握住我们一切行为的目的并且问自己为什么要做某件事情,我们就能找到一个与自己价值观相符的答案,然后克服抵触情绪,迈向成功。

这篇文章接下来会介绍一个叫作"超越聪明,来设目标"的模型,帮助你做好每一个任务。

在我们开始以前,我们来讲一讲阻碍改变的因素。

## ▷ 阻止我们改变的因素

阻止我们做出改变的因素呈现金字塔状,因此我们将以下要讲到的因素排序。

### 1. 缺少动力

这是阻止改变的最基本原因。

你在一个足够舒服的阶段。你为什么想要改变它呢？现有的事情就很好啊。

问题是，我们生命中的唯一定值就是改变：我们的生活、工作、状态会改变，不论我们是否愿意。

我们要问自己的问题是：我们情愿做改变自己人生的那个人，还是情愿让别人来改变自己？

### 2. 喊停改变

你到了一个需要改变并做出选择的阶段，假如你还想自己的人生自己做主的话。然而，你想要改变的愿望并不是那么强烈。

你感觉自己还有更重要的事情去做。你可以任何时候做出这个改变，于是你不急于这一时。危险之处在于，我们习惯了这种明天、下周或下个月要做出改变的想法，然后在某个时候，我们会突然意识到自己已经错过了做出改变的最佳时机。

当下我们唯一能100%控制的就是我们自己。我们要么实施控制，要么什么都不做。如果我们现在无法做出选择，那么别人可能会为你做决定。问题是，我们会接受别人的选择么？

### 3. 缺少该做什么改变的意识

在这个阶段，你一定已经意识到有些事情不对劲了。你不再觉得舒服。同时，你却找不出来到底哪里出了问题，于是也就难以做出改变。

这是一个非常困难并且令人沮丧的阶段。我们应有的耐心很难维持，尤其是只有在情感平静时才能想出对策的时候。

正因如此，这更像是感觉不对的问题，而不是难以分析的问题。你是否曾经尝试回想一个人名、地名或是电影，但是你越努力，越是想不起来呢？你放弃了，结果过一段时间你突然就想起来了？

解决这个问题的过程很类似：我们要让情商做主导，而不是持续不断谴责自己没有找到解决办法。

如果我们能够有足够的耐心，回报就会是需要做出什么改变的内在认知。这使得我们能够思考如何做出这些改变。

### 4. 外界影响（阻力）

即使我们意识到了需要改变，甚至想好了如何做出改变，这场战役依然没有结束。

在这个阶段，外界因素甚至是阻力会介入。这个特别的阻碍有两个特点：

（1）真正的阻力从我们的周围环境中来，例如我们的同龄人、家人、同事、朋友等等。简而言之，他人。

你需要问自己的问题是，谁最终来为你的决定负责？你，还是其他人？

另一个打破这个牢笼的办法，就是想一想如果不采取行动的后果。我们做或是不做的每一件事都有后果，问题是，哪一个能带给我们想要的结果？

（2）你对外界影响和阻力的认知

你需要问自己的问题还是与是否采取行动的后果有关。

不过，我们可能应该提前与别人确认一下，你自己对你在他人眼中的印象的认知是否正确。

这个可能很难做到，但是它有两个好处：

（1）你知道他人的真正反应，而不是自己胡思乱想别人怎么想。知情能够让我们开展对话，或者至少能将其纳入决策过程。如果你可能因为某件事而失去一个朋友，你还会去做吗？

（2）对你而言重要的人们有一个机会来参与到你的决策过程，并且促使这个过程更加简单快速地结束。

### 5. 内在阻力

这是最后一道屏障。它与我们之前提到的自我认知，以及我们如何期待自己的能力相关。

这个阶段的两个最常见问题是：

"如果没有我过去的行为模式或是习惯，我会成为什么样的人？"或者更可怕："如果我失败了怎么办？"

问题一的答案关键在于目的，也就是"为什么"的问题。

如果我们非常清楚改变的目的，并且思考过是否采取行动的两种后果，那么做决定就相对容易了。

目的带给我们承诺，而承诺是唯一能使我们动起来的因素。当我们稍后聊到"超越聪明，来设目标"的模型时，我们会深入讨论承诺。

应对问题二就更加有挑战性了，因为没有什么事情是完全无风险的。承担风险就意味着一定程度上的不舒服。

如果你坚持认为你的人生100%舒适，那么100%的情况下，你不是那个主导人生改变的人。

综上所述，你所处的情况一定是在不断变化的。问题在于，你是否在主导这些变化，如果不是，那么你是否对改变结果感到满意。

一个能化解"失败怎么办"问题的方法就是问自己"成功怎么办"。

"失败怎么办"通常会令我们思考"可能发生的最差情形是什么"。

而当我们思考"成功怎么办"时，我们在思考"可能发生的最好结果是什么"。我们要用同等甚至更高的强度来思考这个问题。

谈论了阻碍改变的因素后，我们来看看克服这些障碍的建议。

▷ 克服改变障碍的建议

### 1. 个人的改变可能（并且常常会）令人感觉不舒服

- 提高你对不舒服的忍耐程度

提醒自己，这个世界上没有完全无风险的事情。每当你走出自己的舒适区并停在那里时，你的舒适区就扩大了一点。

回想自己以前的各种第一次，以及你对这些第一次的感觉。比如说，当你学着骑自行车并且想要保持不摔倒的时候，你是什么感觉？当你尝试了好多次以后，你的父母把那些辅助轮子卸掉的时候，你又是什么感觉？当你终于学会骑车并且第一次自己兜风的时候，是什么感觉呢？

- 稳健地扩大你的舒适区

千里之行，始于足下。做多次的小改变比一次性做出大改变要容易得多。小改变叠加得很快。

## 2. 不要在同一时间改变所有事情

- 找到你的平衡点

哪一件事，一旦做出改变，能够对你的目标或任务产生最大的影响？

- 把你想做的改变排好先后次序

你基本不可能在同一时间做所有事情。找到一个平衡点，并且优先处理这些事情。不要忘记为自己的小成功庆祝，要避免过度关注未完成任务的模式哦！

## 3. 创造一个支持系统

- 让重要的人或是周围的人知道你的计划

回想我们提到的外部影响，作为阻碍改变进行的因素。如果你将周围人融入你的改变计划中，并且分别告知他们在你的计划里的角色，那么你就很有可能获得来自他们的支持。

好好选择你寻求支持的人。你认识谁，谁比较积极正面，谁愿意改变并且提升自己？

- 找一个观点客观的发声者（即教练）

与同事、朋友、家人聊你的目标是非常有用的。如果他们愿意支持你，那么他们会成为你的有力后盾。

而找一个教练的不同之处，在于他并不参与到你的计划中来。对你重要的人们用他们看事情的方式来看你，而教练则用你想要的方式来看待你。

### 4. 倒退与沮丧是生活的一部分

- 提高你的忍受能力

重力是这个星球上一切生命的一部分。就像重力一样，生活也是你的计划与目标的一部分拦路虎。

如果你因为没有实现目标或者没有取得足够的进步而沮丧的话，你要意识到你是对那些障碍物感到沮丧。

假如你学骑车的时候，你将所有时间都花在懊恼摔跤这件事情上，你还会继续尝试吗？可能不会了吧。可是你继续学了。因为你的注意力集中在"你想学会骑车"的事实上。每一次跌倒后，你都会爬起来再试一次。

- 学会降低关键风险

想一想你行动的潜在风险及后果，然后看看是否能够最小化这些风险。不过，记得不要因为分析而麻痹自己，毕竟所有的改变都或多或少有风险。

你可以这样想问题：如果你的目标是从一架飞机上跳下来并活下来，那么你最好携带一个降落伞，并且在实战开始之前测试一下降落伞。一旦你证明降落伞正常工作，你就能登上飞机，跳下来,并且欣赏美景了。你根本无须烦恼降落伞是否能顺利打开。

### 5. 没有真正的失败

你可以选择如何去面对结果。记住我们关于学骑车的例子,不要关注从自行车上摔下来。

### 6. 在任何情况下你都有选择权:接受或是改变

你第一次读这个标题的时候可能停顿了一下。

我们都经历过感觉失控或是无能为力的情况。我们必须接受它,可是我们却不喜欢它。然后突然间,我们意识到自己别无选择。

这就是挑战所在。如果你无法改变环境,那么你就应该改变你对它的态度。

这就是当我们处于超出自己可控范围的环境时的处理办法。问问自己:如果我要忍受这个情况,我该如何最大化利用它? 这个情况能带给我什么学习机会?

另外一个应该记住的事情就是无论接受还是改变,它们都是同样重要的选择。如果某个情况没有重要到你必须去改变它,那么就欣然接受它。这是你所做的选择,所以支持它。

### 7. 为你选择的人生负责

"为我们做出的选择负责"赋予我们力量,因为这证明我们握有控制权。而且我们喜欢这种感觉。

我们需要区分承担责任与承担责备。如果你或者别人抱怨你所处的环境，你会作何感想？自己掌控着权力？我不这样觉得。当你觉得无能为力的时候，你的动力又会怎么样？随风而逝了吧……

另一方面，承担责任能让你向着理想的结果前进，并且让你学习成长。

我们还有另外一个能提高个人绩效，关注真正重要的事情的办法，那就是：超越聪明，来设目标。

## ▷ 超越聪明，来设目标——关注大局

看完最常见的拖延症表现，情商如何能做出改变，常见的阻碍改变的因素，克服这些障碍的建议之后，我们再来为打败拖延症大军加入另一个有力武器。

有很多模型能帮助你设定目标。其中最流行的一种就是关注你如何定义你的目标，并且设定你认为聪明的目标来实现。

聪明的目标有以下特征：

- 明确的
- 可衡量的
- 可达到的或是可以采取行动的
- 相关的或是切合实际的
- 计时的

这是一个非常优秀的模型，设定聪明的目标也绝对是一个好的起点。

不过，基于以上我们所讨论的阻止我们实现目标的因素，以及它与我们的情绪相关等事实，我们会注意到有什么东西还没到位：我们需要利用情商。这样才能为成功而做好准备，而不是等到半路的时候备受打击。

下面你会看到一个大局图。这个大局图能帮你设定能实现的目标，并让你享受实现目标的过程。

设想你在地板上画出这个图，然后一步一步走。

从最左边的绿色箭头"设立目标"开始。确认你的目标并且列举出来。检查这些目标是否符合聪明的特征。然后让每一个目标都走一遍下面的流程。

你需要在设定目标阶段按顺序问自己以下四个重要的问题：

1. 这个目标符合我（而不是别人）的最佳利益吗？
2. 我想具体地改变或是达到什么？
3. 为什么现在是做出改变或树立目标的最好时机？
4. 我是否在情感上对这个目标做出了承诺？

第四个问题是所谓的撒手锏。如果你没有在情感上对目标做出承诺，那么你要从以下二选一：

a. 放弃这个目标。
b. 如果你不愿选择a，那么就思考如何让自己在情感层面上对这个目标做出承诺。

如果你要尝试实现一个并没有承诺的目标,那么很可能你无法实现这个目标。想一想我们讨论过的目的对于实现目标的重要性。目的让你有情感上的承诺,而承诺是唯一能使你付诸行动的因素。

当你有了聪明的目标,情感上也做出了承诺,我们来看看下面这个模型:

Copyright Tony Marven, 2005

最上面的部分代表行为层面。这个层面较容易接触,我们需要区别管理:

- 我们对别人说的借口
- 令我们分心的干扰物
- 拖延或是放弃的后果

意识到我们的行为并且学会不同的处理方式，我们就能做出相应改变。

在这中间，我们有很多目标树立系统常见的"计划，实施，回顾"流程。

关键部分是：

- **树立目标**：定义一个实际的并且明确的目标，或者是所谓的"大幅改变"。这个目标可能并不是你的终极目标。它更像是为下一个阶段设定的明确指标。将这个指标设定下来，让自己觉得它正确并且可行。让你的目标看起来正确，是将它从简单的头脑练习中区分出来的关键。

- **步骤1—2—3**：它将你需要做的事情简化为几个步骤。我们通常只思考下一步该怎么做。明确你要做的、能实现目标的三件事，并将它们放到你每天的日程里。

- **回顾**：这个步骤经常被忽略。在这个步骤里你要看看你做过的事情并且衡量它有多有效。学习与改变相比于自我批评对你更加有益。好好地为你的成就庆祝一番再进入到下一阶段。如果你曾经为完成任务挣扎过，那么不如采取"少食多餐"的方式：大量的小改变能更快地带来更大的改变。

在图表底部的部分叫作情绪管理。很多障碍都隐藏在这里。

好消息是，在这个部分做出改变能最大程度上帮助我们达到个人最佳表现。不那么好的消息是，做出这些改变需要一些努力。我们知道自己的感受和感受背后的想法后，我们就知道发生了什么并能做出相应改变了。

- 对改变的**抵触**意味着不只是我们的动力会受到影响。它还意味着我们不得不面对无作为的痛苦。当无作为的痛苦超过了改变的痛苦，我们就会采取行动了。这种反应型的方式非常浪费时间、金钱与精力。我们需要明确我们到底想做什么，为什么想做，这样能够预防性地处理我们的抵触情绪。回想一下我们之前提到的阻止改变的因素。

- **舒适区**的功能正如其名：让我们觉得自在舒服，远离痛苦、失望、挣扎等等。如果我们坚持生活不应该是不舒服的，我们就会逃避那些对我们最有益的事情。其实多数时候，我们有能力做一些事情，只要我们稍微拓展一下自己就能实现。短期的舒适会导致长期的不舒服，反之也成立。回顾之前的建议来加深你的理解。

- 成人阶段经历的**沮丧**很大程度上受儿童时期的影响。我们对于不同感觉有不同的忍受程度，例如决定、风险、努力、倒退、控制、参与等等。很多时候困扰我们的不是某件事本身，而是那种沮丧的感觉。同样，之前的建议能帮助到你。

一步一步沿着图表看这个模型，并将你的行为及情感与之相对照。

正如我们之前提到的，你经历的学习过程和为之做出的改变比实现目标更重要。

当你到达了回顾环节时，停下来，转过身。

看看你完成的一个一个步骤，提醒自己哪些成功了，哪些没成功。

你为自己找了什么借口？别人呢？你是如何让自己分神的？什么时候？你没分神时的状况与分神的状况相比有什么不同？你的所作所为或是无作为的结果是什么？

你什么时候产生抵触情绪的？你没有抵触情绪之前的感觉是什么样的？你什么时候在舒适区里？你什么时候必须走出舒适区？你感觉如何？那种感觉产生了什么想法？你是如何处理情绪与思想的？

你因为什么而沮丧？你是如何成功发现你只是对"感觉"感到沮丧，而不是对任务本身？你对沮丧情绪的容忍程度如何？下一次类似情况出现时你会怎样做？

接下来，当你还在回顾阶段时，休息一下，庆祝你的成就（不论它看起来多么不值一提）。别忘了只关注未完成任务的拖延症状！

现在你已经做好准备进入接下来的三步了：重复同样的过程，直到你实现目标。然后再为下一个目标努力。

你越是按照这个方法追求成功，这个方法就变得越加容易。当你习惯于实现目标后，你就不会半途而废了。而且你也知道：

### 成功孕育更多成功

希望你能享受实现目标的过程，创造自己想要的生活，并且将你的公司带到你期待的高度。

**妮科尔·巴赫曼**是一位有着法律学位和商科背景的国际沟通专家。

在漫长的职业生涯中，妮科尔成功影响了很多从不同文化背景中来的人们。妮科尔对于帮助人们在全球范围内与他人及自己有效沟通非常热忱。

妮科尔是一位非常有经验的社交家，受欢迎的演讲家，以及伦敦城市大学和埃塞克斯大学的讲师。她是著名网站www.beatprocrastination.com的创始人之一。妮科尔还是独立商业学院的会员，国际教练联盟的创始会员，以及各种社交机构的活跃会员。

# BUSINESS WISE

沟通与社交

# 当一扇大门关上……

朱迪丝·杰曼

当你离开企业的世界时,一切可能显得很可怕、很艰难。特别是如果你的离开并不是自己的选择时。多余的事物总是在世界各处传播。新出现的创业人士们总是梦想世界会变得多么不同,因为他们现在为自己工作,可以做出真正的事业了。

在一个创业者能创造任何财富之前,他需要建立并维护自己的声誉。凯斯就有这么一个赢得声誉的创业故事。

## ▷ 没有声誉就没有生意

凯斯是一位学习与发展方面的高管。他在自己的领域里享有盛名,但是他却对自己的工作有些不满意。有一天,他听说公司要与另一家公司合并,并且他会成为合并后150个多余人员中的一员。他会得到一笔合理的遣散费——四个月的工资。这个钱足够他开自己的公司追求梦想,却不能维持太久。他需要快速为自己拉到客户。

凯斯做的第一件事就是去做社交，但是收效甚微。他没找到多少客户，而且他也搞不清楚原因。他能够描绘自己公司所提供的服务，也有一些很好的故事。他还有很好的社交技巧。但为什么他收效甚微呢？

有句谚语"人们根据口碑买东西"很好地总结了声誉的重要性。凯斯缺乏的就是声誉。

个人声誉是在社交中衡量一个人的标准。当我们与另一个人互动，特别是有服务内容的互动时，我们其实是在销售自己。那些成功的企业家们都是做软销售的高手。在这个情况下，软销售是指将他们是谁，他们信什么之类的内容向内拉，而不是向外推。

社交估值考虑一个个体的价值，以及他是否在每一次交涉中都始终如一。这个估值不仅仅是关于一个人的外在，它还考虑到我们是如何评价这个人的。

## ▷ 我们如何判断是否了解一个人？

考核他人的声誉是一个复杂的在潜意识里进行的过程。似乎只有很少的潜意识想法能进入我们的直觉里。我们通常考虑的事情包括：

### 人们亲自体验过的事情

- 他们的信息是什么？
- 关于他们是谁的消息有多真实？我们又知道什么？

- 他们是否做到了他们承诺的事情?
- 我们是否能相信他们说的话,他们可信吗?
- 他们诚信吗?
- 他们值得信任吗?
- 他们留给我们的印象是什么?

## 人们听说过的事情

- 我们的朋友是如何评价他们的?
- 他们的支持者有谁? 我们觉得那些支持者怎么样?
- 他们的推荐信是如何评价他们的服务的?
- 他们自己写了些什么,别人写了些关于他们的什么?

所有的这些事情都会被考虑在内,而且每个因素的重要性还不断变化。最终,你的直觉会根据一系列因素做出判断。但是这就意味着你无法控制别人如何看待你吗? 既是,又不是。

人们做出的最重要的衡量是: 他们正在交谈的这个人是否诚信。

"诚信"就是知道对你而言什么是重要的并且为此调整你的行为,同时拒绝参与到任何有欺骗、责备或是其他任何降低可靠性的行为中来。

当人们购买昂贵的或是无形的服务时,他们对销售人员产生的依赖心理远远超过服务本身的价值。这个悖论说明我们经常感性购买: 我们购买一项服务,因为我们信任卖这项服务给我们的人。

有的时候我们对一项服务了解的所有情况就是销售人员的声誉。

凯斯面临的问题就是他没有向人们展示出足够的诚信。他总是看起来像是一个怪人，人们对他的态度各不相同。这就对他的潜在支持者与客户产生了很大的影响，因为人们觉得他缺少可信度。

没有人会从他不信任的销售人员那里买东西。

▷ **你的情感银行账户**

想想你的银行账户。你的目标是让你的银行账户保持有钱的状态并且能挣利息。你的情感银行账户也是一样的，而且在每一个与你接触过的人那里都有一个关于你的情感银行账户。

每一次的互动都有三种可能的结果：你的账户余额可能增加，减少，或是保持不变。平衡状态就是你能开始挣利息的时刻。

你能通过多种方式增加情感银行的账户余额：

- 为别人发声
- 好的推荐
- 帮助他人实现目标
- 支持他人
- 让别人感觉良好

也有很多种方式会降低你的账户余额：

- 不公平地破坏他人的名声
- 没有做到你承诺的事情
- 令别人感觉糟糕
- 不真实
- 滥用别人的好心肠

在别人那里建立好的情感银行账户很重要，因为你要不定时地取出一部分，尤其是当你需要推荐和好评时。当你的账户余额降得太多时，你在那个人心里的声誉就会彻底毁了。取决于这个人的影响力如何，这件事的影响可能很深远。得罪了不该得罪的人后果很严重。正如人们常说的，好事不出门，坏事传千里啊！

一旦你的情感银行账户透支了，你就再也无法挽回了。如果你与别人的账户余额正常，那么你与他的关系可能只是会受到一点点影响。

## ▷ 说到做到

凯斯处于劣势。他如何才能变得更可信？他知道他是有声誉的，因为他非常了解自己领域的知识。但是这个优势并没有在他与别人的沟通中显现出来。

人们有很多很多种互动的方式，而人们通常在你不在的时候讨论你的声誉。这意味着你要保持一贯的个人品牌与作风。你是人们眼中的你，也是你自己眼中的你，如果这两者不相符，那么人们就会开始不信任你。

凯斯意识到，人们远离他的原因可能是他传递的信息与他的个人风格不符。他也意识到这个不配对是印象层面而非事实层面的，于是他开始学习如何与他人互动。

他觉得要做的第一件事就是让自己变得更有魅力！他要变成一块磁铁，吸引人们到他的身边来，而不是去将人们拉到身边来。这就是所谓的硬销售与软销售。当我们吸引人们时，钱似乎也跟着被吸引来了。它与我们的个人魅力是成正比的。

我们会因某事而成名。仔细选择这个使我们成名的事物，因为这是拥有一个个人品牌与控制一个个人品牌的区别。

人们并不会通过你卖什么东西来记住他们对你的感觉。他们是通过与你的关系好坏来记住你的。当人们购买服务时，他们最先考虑的是与销售人员的关系，其次才是服务本身。这也就是为什么我们总说要在客户购买之前多"接触"几次。

凯斯意识到他在向别人证明他的可靠程度时，总是喜欢有意无意地轻微贬低其他人。有的时候他在与别人的竞争中也这么做。问题是，那些与他打交道的人对这种行为持负面态度。

人们认为，总有一天凯斯会将他自己的客户也描述成差劲的伙伴，觉得他的客户不值得与他做生意。

凯斯知道他要面对这些问题。没有人会从他们不信任的销售人员那里买东西。

## ▷ 建立可信度：不只是了解你的生意

### 还有哪些因素决定凯斯的可信度？

凯斯认识到，作为一个新的自由咨询师，他在别人眼里没有任何可信度。他的工作依赖于别人相信他所说的话。他需要将自己打造成领域里的专家，于是他需要一些社交证明。社交证明就是指我们假设某个人对某个情况有更深刻的了解，于是我们接受这个人的陈述。

正因如此，别人的评价，特别是视频评价，非常有说服力。他们告诉人们为什么应该购买你的服务。

凯斯没有任何正面评价或是支持者。他只是冷风中独自吹口哨的人。

没有一个企业能在没有支持者的情况下活下来。

凯斯意识到他需要更好的社交结果。他没有时间与那些对他没有帮助的人会面。他意识到他需要重新审视他眼中的社交。

社交并不只是关于生意的。它是所有能让社交起作用的社会互动。人们愿意帮助他们想要帮助的人。这就是为什么只为自己的生意而社交远远比不上为了相互的利益而建立友好关系，即使你目前并不需要任何东西。

社交也是你个人品牌的延续。社交就是关于你是谁，你做什么，你想因什么而成名这些问题的。社交也探讨你如何向别人展示你的专业素养，并且建立信任关系和声誉。这就意味着你的行为以及你推荐给他人的东西就是在反映你自身的水平。

社交是一系列以故事为基础的谈话。这些故事能帮助建立友好关系并让他人更容易理解你以及你的生意。你要争取支持者并找到开拓市场的道路，而不是将与你谈话的这个人当作你的整个市场。

凯斯花了很长时间才意识到在狭小的产品市场中，其实并没有什么竞争。于是他与之前被他当作竞争者的企业合作，他的社交网随之受到关注了。更重要的是，他终于有支持者了。

### 凯斯能为自己写博客积累可信度吗？

凯斯决定用写博客这种软销售方式来展示自己的专业知识。他在自己的文章中避免硬性推销，而是用他的领导力内容来代替。这使他在人们脑海中留下好印象，并且觉得凯斯在他的领域里有一定的可信度。凯斯终于开始弥补诚信的间隙了。

另外一个好处，就是这是一种很便宜的宣传凯斯的专业知识的方法。

人们总是在网上搜索解决办法，并且他们信任、尊重那些一直为自己出谋划策的人。咨询师们由于不能与每一个潜在客户接触，他们不可能帮助到所有的人。于是他们需要找到其他能接触到潜在客户的方式。

这就是为什么通过书面文字向人们展示你的专业性如此重要。书本，或者电子书、文章、博客等书面形式，是打造可信度的最好方法。

你的声誉与可信度也极易受到你所写内容的影响。人们总是觉得他们放在自家网站或是博客上的内容只有自己知道，但实际情况是，他们的顾客和公司员工都可能会发现他们发布的内容。比如说，你在你的个人博客里详细描写了某个顾客面临的困难，你的员工、你的顾客们都会找到的。你的声誉会因此在很长一段时间里受到负面影响。

## ▷ 通过领导积攒声誉

凯斯意识到他作为专家积累了很好的口碑，他在赢得人们的信任。但是显然在他传播的内容与人们对他的印象之间，还是少了什么东西。凯斯在为那些他不认识的人排忧解难的同时，也在破坏自己赚钱的能力。这个问题就与他之前只向少数人做宣传是一样的。

你要随时注意在与他人沟通时所处的环境，特别是在线即时交谈和快节奏的论坛。

如今你很难在没有网络的情况下打出名声了。凯斯在网上发表文章的时候已经意识到了这个事实。在线聊天与论坛是网络文章的延伸，不过它们有让人误解的可能性，因此也可能会更快地破坏作者的名声。

这是因为这种类型的交流方式让参与者觉得这是一对一，而不是一对多的谈话。这个区别很大。

一对一的交谈中你不需要特别注意用词，因为很多时候双方都互相认识。这就说明他们彼此都知道对方的忍受范围，并且能好好利用情感银行的账户余额。当谈话遇到紧张的辩论时，这就很有用了。

但以上的交流方式面临的挑战在于，有很多人在注视着你们的谈话并且形成他们自己的看法。如果他们不了解你，那么他们对你的评价就只能根据你在网络上的发言来判断了。

如果你因为总是喜欢争论或是辩解而出名，那么你的名声就会受到负面影响。凯斯的问题在于他在网络上和现实生活中都喜欢辩论。但是他在网络上的行为其实在破坏他的声誉以及赚钱的潜力。他冒犯了一些读者，而他根本没有意识到这一点。

我们都有个人形象。我们的站姿，我们的心情，我们的态度，我们的肢体语言，这些都是个人形象的体现。我们的形象渗入到我们的每个空间里。当我们在网络上出现时，这个道理也成立。随着时间流逝，我们在网上发言的方式形成了我们的网络形象。每一个留言、博客、帖子都积累着你的声誉。正确的表达方式能为你赢得尊重与注意。

展现你的领导力能够为你的形象和声誉的建立产生根本的变化。这些领导力包括：

- 诚信
- 诚实
- 信任
- 强有力的价值观
- 寻求双赢
- 可靠

约翰·麦克斯维尔曾经说过："领导力就是影响力，没有其他。"这句话值得我们品酌。好的领导者总是有追随者的。如果凯斯能展示出关键的领导力,那么他就会有稳定的客户与支持者了。

## ▷ 当大门关上,机会的窗户说不定就开了

凯斯的例子告诉我们打造、维护、提升个人声誉对于赚钱来说是多么重要。

你的声誉要经过岁月积累才能建立起来,但是却能毁于一旦。有很多因素都能影响你的名声,所有因素都需要同时起作用。

当你为自己工作时,你只有你的声誉可以依靠。好好利用它,因为没有好的声誉,你的企业就无法存活。

**朱迪丝·杰曼**有超过十年的担任高级执行官及公司董事的经验。在她所处的极富挑战性的环境里,唯一能确保团队管理有效运行的办法就是确保领导力的实施。经理们需要个人魅力来启发团队和影响别人。职位与权力并不能持久。

朱迪丝现在是某家公司的常务董事。该公司专注于发展领导技能和提升社交水平。朱迪丝的专长在于理解那些独行侠的思维模式。这些独行侠都在各自的领域很有天分,但是他们通常无法与别人有效地互动。

朱迪丝帮助高级执行官们更好地管理手下的独行侠,她也与独行侠类型的企业主们合作。

# 传播你的信息

明迪·吉宾斯-克莱因

如果你已经花了很多精力策划你的生意，参加了很多社交活动，宣传了你的公司并且确保一切都正常运行，那么一个简洁有力的公司介绍绝对非常有必要，否则你之前做的一切努力都白费了。有效地传播你的信息是一个决不能被轻视的步骤。这里的关键是想出一个简单的能解释你公司如何为客户增加价值的陈述，并且找到能在目标市场里有效传播这个信息的方法。多数人无法用一两句话概括自己的生意。他们难以取舍，最终放弃，然后丢掉了观众。

有些人无法很好地描述自己的生意，因为他们自己也不清楚他们的生意究竟是做什么的。他们可能刚刚开始起步，或者他们尝试做太多事情。如果是这种情况的话，我建议你找一个咨询师谈谈。不过，我认为多数人还是知道他们的产品与服务的，只是他们难以将其用言语向别人表达。

做生意的最令人激动的环节可能就是传递信息了。这比纯市场营销更加接近你的愿景。策划你的信息可能是你做过的最刺激的事情了，甚至比交付产品与服务更加让人期待。而且，如果你学会了用强大的方式传达强大的信息，那么你就能获得梦寐以求的成功。

在你公布你的信息之前，你要做一些准备工作。我会建议你遵循"慢慢来"（S-L-O-W）原则。相信我，你值得这么做，"慢慢来"原则已经得到了商界和社会中最成功的人的普遍肯定。把你的想法提前体现在你的信息里，你可以创造一个向最有潜力的观众传达最有效信息的沟通产品。假如你的对话经常提及这些重点信息，能使你看起来知道你在说什么。这个前期准备还能为你节省很多时间，避免一些麻烦事。如果你觉得这是个好主意，那么我们就开始吧。

在"慢慢来"（S-L-O-W）原则里，你要首先考虑"S"。"S"代表主题（subject）。想想你要表达的内容。是否太技术性了？你能否让它变得简单一点，这样对于不理解技术细节的人们来说更容易理解？你的公司是否提供很多产品与服务？这很好，不过你要挑一个主要产品来高度总结你的公司。在每一个产品层面，你也要有一份有力的信息。比如说，我知道有一个科技公司提供非常广泛的产品与服务：硬件、软件、维修、备份，甚至电话系统等等。要一句话来总结这些实在是太难了，于是我就对这个公司的老板说，在你每一次谈话中，只挑一个方面重点讨论，这样能最大程度加强听众对公司的印象。事实证明这个方法很有用。这个公司获得了前所未有的推荐量，而且人们也开始理解他的公司是如何增加价值的了。

你的主题在你的市场中是一个新话题还是老话题？诚实

一点。如果你在谈论一个人们已经知道或是一个最近流行的话题，你会发现沟通更容易。是的，你没看错。这里我们应该提一下所谓"独一无二"的信息。我工作的时候见过许许多多的人都尝试在拥挤的市场里使自己显得与众不同。他们认为想要得到别人的关注，就必须说一些全新的、颠覆传统的话。这种想法并不对。其实，如果你要说的话与已知的信息极度不符，人们可能要反应好一阵子才能理解你说的内容。

我们举个例子。假如你发明了一种全新的减肥方法：穿着运动服倒立着吃饭。你可能觉得："太棒了！大家以前都没听过这种减肥方法。"可是人们可能根本不会尝试，因为要求太高，听起来太扯了。但是，假如我们把这个新方法与其他已知减肥方法的相似处找出来，然后逐渐将新内容介绍给人们，大家就会觉得更容易接受一些。

我经常向客户强调的一点就是不要太关注你的信息有多么独一无二。相信你的产品有特别之处，而且你会用特别的方式说出来。如果有时间思考如何将自己的信息变得独一无二，那还不如用那个时间来与客户和观众建立良好关系。

知道如何定制你的主题以后，我们来看着"慢慢来"（S-L-O-W）准则里的"L"。"L"代表着长度（length）。你的对话保持什么长度比较合适？你是否曾经读过特别长或是特别短的文章、网页博客？如果是的话，那你就知道我在说什么了。有的作者没有在终端产品中放入足够信息，于是导致误解。想一想挺好笑的，有的人在谈话里没提供足够多的细节，而有的人则是提供了太多细节。我不确定哪种行为更差，但是我确定的是这两种行为都会为公司带来财产损失。在一个过于简略的对话里，我认识的一个咨询师努力简化自己的文字，结果做得太过了。他还犯了服务商常见的错误：假设每个人都用同样方式理解高度概括的信息。咨询可能是最容易被误解的生意之一了。过分依赖那些行业术语，你传递的最终信息很可能是含糊不清，甚至是误导读者的。这个有问题的咨询师过度使用了"效率""绩效""表现"等词语，却没有解释他实际做了什么。

你可能觉得过长的谈话更差劲。在时间紧促、信息爆炸的时代里，我绝对更倾向于简短精确的信息，当然前提是它有足够的细节。我认为这在多数商业人士那里形成了一个趋势：对简洁到位的信息的偏好。

这里最重要的事情是确认合适的长度。很多企业想在各种媒介上传递信息：书籍、电子书、网站、博客、文章、演讲，以及其他方式。你可以想象到，在180页的书上要传递的信息与1 800字的文章里要传递的信息量肯定不同。

尽管你要思考信息的长度，但多数时候其实有指南能帮助你。比如，有些杂志会明确要求文章的长度，因为它需要将其排进一个版面里。网页通常也有理想的长度。我会说，每一种沟通方式都有理想的长度。如果没有指南，你需要自己拿主意的话，该怎么办呢？那你就要用自己的最佳判断力了。你也可以向专家请教。这篇文章的技巧说不定也能帮到你。

如果你曾经在发出信息前构想过可能的结果（outcome），那么你就经历了我们接下来要谈的"O"了。你会讶异于有多少人进行书面或口头的沟通，脑海中却从没有一个期待的结果。正如朱迪丝之前提到的，人们很容易就因为不够可靠或是不够诚恳而冒犯到别人。更可怕的冒犯包括你匆匆留下的回复，博客上的评论，滥竽充数的文章或电子书等。这些绝对对我们的声誉有影响，无论好坏。

最好的检查时机就是在你发布信息之前。你可以问自己以下这些问题：

- 我为什么在这个时候写这个信息？
- 我想要人们在看完或听完我的信息后产生什么样的想法？
- 如果我只能在这个信息里表达一件事，我会说什么？
- 我应该在哪里以及如何发布这个信息？（例如，以网络为基础的产品与服务就应该有专注网络的宣传计划）

当然了，你可以问自己很多问题，不过以上这些是最重要的。如果你能诚实全面地回答这些问题，那么你的沟通就能更有效。

最后，我们来看"慢慢来"（S-L-O-W）准则里的"W"。它代表措辞（word）。你应该如何措辞？我并不是单指文字本身，它还包括风格和性格等等。你可能听说过，我们使用的文字只占沟通的7%。我们来澄清一下。这个数字其实是从1960年代一个被误读的实验中得来的。这个实验原本是想证明如果用友好的面部表情及肢体语言来要求人们排队，那么人们会比只使用文字更加配合。这个实验被人们借用来说明其他因素比文字在沟通的效果上更好。更有甚者认为,既然文字的作用只占沟通的7%,那么文字根本不重要!事实上,这些推论都不对。说完了这些玩笑话,我们来想一想这篇文章、这本书里的文字对你的影响。没有任何肢体语言或是表情来帮你理解这些文字。它们只是纯文字。

那么,当你策划你的文案时,有哪些重要方面要考虑?

首先,用词。这挺显而易见的,但是你要注意为观众量身打造文案。如果你的观众想看技术性的词汇,你当然应该这么做。不过多数情况下人们更喜欢简单的语言。尽量保持简单,不要将文字复杂化。尽可能地避免使用俚语。在你发布信息之前,让别人来检查一下。如果是重要的、长期存在的文件,例如书籍,那么你一定要请教专业编辑。

我们对于自己写的文字永远无法保持完全客观。我们也不可能自己找到所有的错别字与语法错误。

接下来要关注的部分是影响。你想要你的文字产生什么影响?如果你的答案是"深度影响",那么你就要使用有深度影响的词汇。加粗你的文字,表达你的意见,让自己的文字充满活力!我遇到过很多人向我求助,他们认为自己的文笔不好,需要一个人代笔写书。这种想法通常源于小时候某个说你写作不好的老师。我不会用"写作不好"这个表述。我相信每个人都能将他们的信息成功传递,只要他们的内容清晰,并且是心里话。如果信息的内容需要一些加工,那么一个好的编辑就能帮到你。

面对面交流,包括一对一或者一对多,通常允许我们使用

对话的形式。不过也可以以书面形式呈现。有的人用录音机将
谈话录下来或者直接输入电脑。不过你要注意一些事情，例如
要有一个好的计划并坚持这个计划。

## ▷ 何时，何地，以何种方式发布你的信息

在这个信息超载的年代，有的人可能会认为你要不停地轰
炸顾客，直到他们无法忽略你。我承认我们需要引起他们的注
意，但是有时"少即是多"更加有用。

有两个主要因素能帮助你决定应该生产多少书、电子书、
文章及其他资料。第一个是与你的核心生意的相关性。有的行
业的文化就是越高产越好。教练、咨询、服务业等无形产品都在
这个类别里。他们需要将信息传递给尽可能多的人，来证明他
们在自己的领域里是专家。

其次，你要考虑你愿意投入多少时间与精力来书写或是演
讲你的主题，而非真正做你的工作。我见过很多忙着写宣传材
料的人抱怨没有足够的生意可以做。如果你时间紧迫，你可以
考虑找人代笔。我说话要小心一点，不然会得罪我那些靠写作
为生的朋友们。但是，我觉得找人代笔只在一些情况下合适。
多数情况下，特别是写一整本书或者一整篇发言稿时，用你自己
的方式写你自己的材料比较好。如果有很多编校收尾工作要做
的话，你完全可以找一个编辑帮你。但是主要的信息必须是你
自己的语言、自己的情感。我很少见过对代笔的书100%满意
的人，即使有，他们也会有愧疚之情，因为他们根本一个字都没

写过,名字却出现在封面上。

如果你需要发布信息,我希望你能从这里得到一些启发。网络,现代社交,还有我们的社会都有很多供你向众人展示智慧、经验、想法的机会,让你做到一些以前从来不敢想象的事情。

祝你享受写作与演讲的过程!

**明迪·吉宾斯-克莱因**,更为人们所知的外号是"书籍助产士"。作为一个顶级演讲家和出版咨询师,她帮助成功的商人们将他们的经验编辑成书、文章、电子书以及其他产品。她认为,好的商人可以,而且应该,将他们的智慧与他人分享。她还认为让多数人止步的唯一原因就是自我否定和缺乏方向。

作为书籍助产士,明迪举办工作坊并帮助客户开展他们的写书计划。她在写书的各个阶段都为客户提供帮助,而且还根据客户的需求推荐不同的出版方法。明迪还是一个英国出版社的总监,擅长于企业及个人发展方面的书籍。

# 文化和语言：如何将障碍转变为竞争优势

皮埃尔·伦纳德

在我们居住的地球村里，每一天地理的边界与距离都在一点点消失。

因此，我们有时也会忘记语言与文化的差异依然存在，并且依然很重要，即使是在同一个国家里。

如果你准备在外国市场拓展你的生意，那么这些语言与文化的差异可能会成为大问题，甚至导致你浪费一大堆时间与金钱。有的时候，它们甚至决定了成功与失败。

不过，我们有个好消息。

有了合适的工具与适当的计划，即使是个体或小企业也能将语言文化的差异转变为发展国际市场时的竞争优势。

在这场从文化到语言的旅途里，有一些小建议能帮你真正将障碍变为优势。

▷ **文化**

**事实：**

- 在西方文化中，握手标志着谈判的结束。在中东地区，握手意味着信任已经建立，正式的谈判可以开始了。

- 在委内瑞拉，竖大拇指就像在意大利做无花果手势一样，是含有下流猥琐含义的。

- 在瑞士的 700 万左右居民中，有四种官方语言。不仅每一种语言在瑞士这个国家里有不同的含义，而且在不同国家，同一种语言也有不同的含义。

要花多久时间才能建立互相信任的商业关系？

你需要注意哪些非言语的事情？

哪些肢体语言应该避免？

你怎样才能知道谈话对象是准备谈判还是同意你所说的话？

尽管这些问题的答案可能比世界上国家的数量还要多，但是有一些基本准则能帮助商人们衡量外国文化与行为，避免公关和销售人员踩到雷区。

### 与集体打交道

**霍夫斯德模型**

在 1970 年代，荷兰教授吉尔特·霍夫斯德做了一个全面的研究：工作场合的价值观是如何受文化影响的。

他的模型使用五个方面来区别不同文化：

- 个人主义与集体主义：个体与集体的联系紧密程度。松散联系的个体对比强大、有向心力的集体。

- 权力距离：权力较小的组织成员对不平等权力的接受程度。在任何社会，权力的不平等都是普遍存在的。

- 避免不确定性：一个文化里成员对不熟悉的情况的接受程度。在拒绝不确定性的文化里，"唯一事实"是更多的规则或限制；在接受不确定性的文化里，规则更少，对不同观点更开放。

- 阳刚与阴柔：性别与角色的分工。果断、有竞争力的阳刚之气对比谦虚、关怀型的阴柔之气。在阴柔文化里，男性与女性都同样有谦虚、关怀他人的特质。在阳刚文化里，女性更加果断、更加有竞争性，但是不像男性那么明显。

- 长期与短期倾向：有长期倾向的价值观更加节约保守；而有短期倾向的价值观则更尊重传统与社会责任，更加注重一个人的"颜面"。

将你自己国家的文化与对方文化作比较，这个模型能让你总结出宝贵的结论，避免在与外国人打交道的时候犯错误。

霍夫斯德的模型可以应用到任何一种关系中：从谈判到部署售后服务中心，从打广告到提供高质量客服……只要将你的本国文化与外国文化比较，你就能获得与外国人打交道的无价技巧。

可是,如果与你打交道的是个体呢?

## 与个体打交道

记住,在外国文化里,个体思想的差异就像在你自己国家的文化里一样广泛。毕竟,你是与人打交道的。这就是关键!不必说,掌握当地的餐桌礼仪和社交技巧能帮助你建立互信。

你应该检查一下自己是否注意到了以下所有方面:

### 肢体语言：读懂你所看到的

在2006年的一个国际贸易展销会上,我与一个一直摇头的商人交谈。他不停摇头,我不断解释。这种情况一直持续到展销会结束五分钟以后。发生了什么事?原来,与我谈话的人并不是不同意或是不满意我说的话,他其实是一个印度人,他们摇头就表示同意。

### 你是谁？看看镜子

- 留意刻板印象的存在:"中国人就是这样的,巴西人就是那样的",那么你呢?其他文化的人如何定义你呢?了解别人如何评价你以及你的文化很重要也很有用,它能让你在一些场合使刻板印象变成你的优势。

- 哪些行为让你不舒服?如果一个特定行为冒犯了你,那你首先应该问自己为什么。你对聊天对象的反应深深扎根于你的文化价值观。

### 商业礼仪

有些事情你必须知道。商业礼仪困扰着每一个人，包括以下这些小细节：

- 外表：商业着装，准时，肢体语言，姿势……
- 行为：准时，互赠礼物，眼神接触，会议，协议……
- 沟通：问候，介绍，谈话的规则，肢体接触……
- 谈判技巧：商业节奏，宣传册及会议的语言，最终协议……
- 社交：联系，建立互信，请求推荐，姓或名的使用……

其他基本规则

- 熟悉当地的单位制、汇率，还有时差。这样你就不会在现场与人交谈时暗想"这是通货膨胀吧"或是"真是个奇怪的地方"。
- 知道一些当地名人、政治、社会话题能展示你对对方文化的兴趣，能帮你打开闲聊的话题，还能帮你避免那种别人谈及首相而你却问"那是谁？"的尴尬局面。
- 记住，学会几个当地词汇很有用。

现在，我们要看看当地哪些事情该做，哪些不该做。

这个再容易不过了！

这类型信息通常可以在大使馆、领事馆之类机构的网站上找到。网上的社区和平台也能找到类似信息。

你也可以提前交一些当地朋友！社交网站是一个与对方国家建立联系的很好的方式，你在申请签证之前就能先建立互信关系了。

最后，你也可以参考文章末尾的一些有用链接。

还有一点：即使你对对方文化（甚至语言）已经很熟悉了，千万不要表现得过于自信，不要以为你是万事通。

## ▷ 从文化到语言

### 一个没起好的名字能在海外毁了你的品牌

在商界总是流传着很多由于没有考虑到文化差异而最终损失惨重的故事。

其中一个很有名的都市传说就是，雪佛兰·诺亚这款车从来没有在讲西班牙语的国家销售过。大家不明白为什么，直到有人指出"诺亚"在西班牙语里意味着"不能用"。

即使这个故事不是真的，但是它想说的重点是对的：一些在某种语言里没有意义的词汇，放在另一种语言里可能就有很奇怪的含义了。

这里有一个真实的例子。

我的家乡是布鲁塞尔，一个法语城市。每一天在我送孩子们上下学的路上，我都会走过一个写着以下文字的铜牌的房子：

> 刻薄医生(Dr Mean)
> 痛苦医生(Dr Pain)
> 牙医

牙医……刻薄……痛苦？哎哟。

我相信这两位医生都医术精湛，但是我敢打赌，他们一定没有很多讲英语的病人。

所以，如果你想在一个讲外语的地方拓展生意的话，确保你的公司名字不会对你恶作剧！

▷ **语言**

**事实：**

- 网上十大主流语言是：英语、汉语、西班牙语、日语、德语、法语、韩语、意大利语、葡萄牙语，以及马来语。
- 在美式英语与英式英语中，"lift" 与 "elevator" 都指代直升电梯。那么 "storeys" 与 "floors" 呢？
- "看不懂，不买。"网上买家在母语网站上购物的可能性是在非母语网站的三倍。

翻译、解释、网站本土化这些因素是你在早期策划拓展国际业务时应该考虑的事情。一个可靠的方法再加上一些思考就能为你节省很多时间、精力和金钱。

**基础:**

- 翻译主要是指书面翻译。
- 解释指的是口头翻译。这个过程可以是同步的或是非同步的。
- 本土化是指翻译时根据文化进行调整。
- 源语言指的是起始语言,而非目标语言。
- 字幕指的是电影、电视以及网上节目的对话翻译。
- 配音是指演员们用另一种语言重新录对话。
- 机器翻译指的是用自动化的算法在没有人为干预的情况下进行的翻译过程。
- 翻译记忆库(TM)指的是一些允许你在特定情况下重复使用之前翻译好的文字的软件。
- CAT:电脑协助翻译。机器翻译与翻译记忆库(TM)都是电脑协助翻译的例子。

首先,我们谈谈线上翻译软件。

如今,很多网站都提供免费的翻译功能。通过一个粗略的翻译,你能大概理解一份文件所讲的内容。

多数情况下,翻译的结果都是可以理解的。但是有时机器的翻译很出人意料。偶尔,机器翻译会脱离控制,变得非常奇怪。

这里有一些随机选择的报纸头条及其用搜索引擎翻译出来的结果。请"欣赏"。

这是德语翻译为英语的译文：

"布什的消费目标看起来比较困难。"

同样的一句话，如果用机器翻译：

"消费目标的灌木丛看到难以分配的困难。"

还有一句从法语向英文翻译的译文：

"想要买点新的东西？世界杯参与者今日免费。"

同样一句话，用机器翻译的结果是：

"想要再次购物？合格的杯子在今天的免费世界里。"

你知道我想表达什么意思了。当你想要将宣传信息转换为外语时，机器翻译通常都狗屁不通。

不过，请人来翻译就意味着花钱。你如何才能确保不花冤枉钱呢？

我们通常与客户分享以下的建议，以确保他们的翻译工作顺利进行。

### 如何在翻译工作上节省时间和金钱

- 只翻译必须翻译的部分：在开始翻译以前，检查一下你要翻译的文件是否已经有了外语版本。

- 将内容写得简洁清楚：不要过度简化，但是也不要过度解释。使用平实的语言，避免使用过多比喻、复杂的俗语，以及不必要的行话。如有需要，重新整理你的文字。

- 只发送最终版本：最后关头追踪修改不仅浪费时间，手续繁杂，而且还有可能犯错误。

- 询问报价的时候记得附上源文件：这能让翻译公司更准确地根据字数来报价。如果你只是在电话上粗略说"大概十页纸"，那你很可能会收到一个是报价两倍的最终账单。

- 一定要提前要求一份具体的报价单并仔细阅读，看一看有没有隐藏成本，检查一下交付日期，并且确认你能收到你需要的东西。

- 价格应该至少包括翻译和编辑、一次修改、项目管理成本，以及在服务器上保存你的源文件及目标文件。

- 确保翻译员的母语是你的目标语言，并且有一个编辑会检查所有的译文，包括准确度、专有名词、风格，以及错别字等。

- 发送很多相关文件：你公司的宣传手册、公司专用的术语、以前翻译过的文件、词汇目录、你公司网站以及其他行业相关的网页链接等等都对翻译有帮助。

- 明确指出你想要什么：谁是目标受众？情境又是什么？最终格式应该是什么样的？展销会，公司宣传册，还是网站？你提供的细节越多，那么最终结果就越符合你的预期。版权、译文所有权、保密协议之类的问题应该在前期就解决好。

- 做好回答问题的准备：即使负责你文件的队伍已经对你的行业很熟悉了，他们还是可能会问一些问题。例如：这个功能的名字是否应该翻译，公司内部的术语是否应该翻译等等。对于大公司来说，这种情况更加普遍。

- 准备好审核译文：好的翻译公司的报价里通常都包含一次修改。

- 设定合理的交付日期：翻译员们都是热爱文字的专家，他们希望确保你的体验物超所值。好的翻译是需要时间的。所以如无必要，不要催他们（而且别忘了加急服务通常贵30%）。非紧急作业的一般情况是一天翻译2 500个字，再加一天来检查翻译质量。

- 在你使用线上翻译软件前请三思，特别是你的译文要面向公众的话。目前，这些翻译工具总是生产一些超现实的胡言乱语。如果你依然要用这些翻译机器，确保在发布前编辑你的译文，否则你很可能会引来一场公关危机。

- 最后，请谨记，最昂贵的翻译就是那些有错误的翻译！

## 同时传译

只与有翻译成绩记录的专家合作。取决于目标国家是哪个，你可能需要向翻译公司要求一个合格可信的翻译员。

一般来说，翻译员至少会收取半天的费用。不过也有电话翻译按小时收费。

有时，你甚至可以利用一些软件来谈判每分钟的费用。不过多数情况下还是做好单一收费的准备。

### 网站本土化

设计网站时的一个基本原则就是提前想想增加外语版本的可能性。

确保你在一开始就与网页设计师沟通好这个问题。这样，假如你以后想要再加一种语言的版本，你会省去很多烦恼。

### 学习一门外语

取决于可能的发展策略，理解你的谈话对象在说什么的需求，以及你的个人意愿，你可以考虑花时间学习一门外语。

从另一个更有侵略性、更利于谈判的角度来说，你也可以假装听不懂你的谈判对象在说什么，这样他们会放松警惕。

不过，多数情况下你并不需要完全掌握一门外语。几个词汇就能显示出你的诚意与礼貌，并且在很多场合都有积极作用。

有一个笑话说，去外国旅游时你只需要学会用外语表达五句话："你好""再见""谢谢""多少钱"以及"太贵了"！

那么商人需要掌握多少呢？

▷ 结论

以上的所有内容简要概括了当你扩展外国市场时需要考

虑的事情。

希望这些内容能帮助你在跟外国语言与文化打交道时避免一些意外，并且能为你自己开拓一些新的道路。

当然了，还有一些更平常的建议，例如使用常识，与专业人士打交道，写好脚本，提前计划，等等。不过归根到底你是一个商人，所以你每天都在做这些事，对吧？

世界在等你。你在等什么？

## ▷ 资源和有用的链接

### 文化

1. "BBC国家新闻档案"提供了很多国家与地区的历史、政治、经济背景，还有很多音频、视频资源。

2. "行政星球"（Executive Planet）提供了很多在全球范围内各个国家做生意的商业礼仪、习俗和协定等。

### 语言

1. 在线韦氏字典号称是"地球上最大的字典，囊括超过90种现代语言和10种古代语言"。

2. "我爱语言"是一个大型的语言类门户网站。我爱语言的前身叫作人类语言。如今，我爱语言依然是最综合的语言类门户网站之一：http://www.ilovelanguages.com/。

3. 鱿鱼网（Squidoo）上的免费翻译资源提供了很多翻译软件、在线翻译引擎、多语言词典、本土化工具等等。

皮埃尔·伦纳德是"虚拟文字"（www.virtual-words.com）的联合创始人和老板。"虚拟文字"提供至少40种文字的语言服务，有超过1 500位语言专家。"虚拟文字"还提供全球范围内关于语言与文化的专业建议。

# 国际社交

妮科尔·巴赫曼

社交，或者说口头营销，是如今最有效的获得生意、推进职业发展、把握机会、为商业社会做贡献的方法之一。

社交存在了很长时间了。只要人们互相做买卖，并且有不止一个供应商，那么人们就一定会有"更青睐的"供应商并且到处为他们说好话。

我们每天依然在做同样的事情：我们告诉别人自己最喜欢的餐厅、酒店、景点、实惠的超市、打折信息等等。反之也成立：当我们遇到不好的体验时，我们会警告周围我们认识并信任的人。

有越多的人认识、喜欢、信任我们，我们就越会成为积极信息的一部分，也离机会越近。人们会更愿意帮助我们避免失败，分享信息，帮我们找到更多机会或是避免一些陷阱。

与几千年前相比，我们的社交圈发生了变化。过去，多数人的生活圈子只是局限于自己的本地社区；而现在，在高科技产品如飞机、火车等的帮助下，我们的生活圈变得广了很多。

此外，由于网络的存在，我们能够与世界上的任何人无阻碍地沟通了。这就意味着我们生活和做生意的范围就像这个星球一样大。

这是否改变了我们社交的能力？这是否改变了我们社交的方式？这创造了哪些新机遇？又有哪些新挑战？

这些问题的答案大概是：是的。可能一半对，一半不对。这是对以上问题的简短回答。

不过，我们值得花时间研究一下每个问题，找到可能带领我们前进或是拖后腿的因素。

## ▷ 我们社交的能力以及它在多国世界里如何变化

社交的一个迷人事实是：

正如我们之前发现的，口碑是最古老最有效的发展长期商务关系的方法。我们大多数人都在自己的圈子里自然而然地使用口碑。

不过，当我们要在商业环境里运用口碑时，我们对社交的一些想法会变。

我们很多人觉得"社交"是一个肮脏功利的词汇。我们认为它很假：人们对彼此并没有兴趣，他们耐心听对方说话的唯一目的就是在对方说完后将自己的卖点展示给对方。

又或者，我们担心自己在谈话中所做的贡献多少。我们能顺利表达应该表达的内容吗？如果我们不幸与房间里最无聊的人搭上了怎么办？如果我们自己变成了房间里最无聊的人又该怎么办？如果没有人愿意找我们聊天怎么办？

所以到底什么变了呢？我们在商业环境里更加有自我意识了吗？我们想要的东西变了吗？我们的会议纲要是不是应该修改？我们在商业圈与生活圈里是不是两个截然不同的人？

不论你对以上问题的回答是什么，我们都应该考虑一下这些回答的后果。

如果我们在商业环境里更加有自我意识，那我们处理商务压力时应该注意什么？

如果我们想要的东西变了，例如在生活社交圈里我们想分享信息帮助朋友，而在商业社交圈我们想要新客户，我们是否应该重新审视我们想要的以及谈话提纲？

如果我们的性格在社交圈转换时也会变，那么哪一个性格才是更真实的自己？如果生活与商业社交圈开始有交集，你会怎么样？从两个圈子里来的人是否会意识到他们聊的是同一个人？

在国际环境里，我们还能加入一些其他方面：

- 那些用第二或是第三语言沟通的人们是如何确保有效沟通的？
- 细微的差别怎么办？我们如何保证我们能留意到这些差别？
- 不同的文化背景是如何影响我们的价值观的？
- 有哪些事情是理所当然的？
- 我们如何确保不给对方带来误解与误判？

我们社交的能力在国际环境里会变,同时也保持不变。

保持不变的是我们需要克服的恐惧和偏见。我们不仅要确保社交成功,还要与我们信任并喜欢的人建立长期合作关系。保持不变的还有我们做自己,分享信息、机遇、挑战的特征。我们想要保持长期友好联系,积累声誉的目的也没有变。

变化的是机遇:互相学习的机遇,为自己的生活与生意做贡献的机遇,互相理解不同语言背后的文化与思维模式的机遇。

变化的还有科技发展带来的工具:社交网络、网上社区等等平台让我们能与千里之外的人建立良好关系,并且发展潜在合作机会。即使是没有大公司那么多资源的小公司也能做到这点。

变化的还有互相理解、建立互信的挑战。我们的文化、背景、信条不同,甚至可能完全不会见面。

所以,国际社交的确在某些方面改变了我们,但是在另一些方面却没变。

我们来仔细看看。

## ▷ 在国际大环境下我们社交的方式如何变化

以前的答案是:国际环境使得社交成本更高了。

对于很多小企业来说,国际长途电话费和旅行费用是一笔大额支出。即使是在大公司里,这种支出也仅限于最高层执行官。

现在,随着高速网络的普及还有免费网络电话的发展,国际长途电话的成本降低了很多,并且还在不断下降。

国际旅行的成本也只是10年前的零头了,多亏了廉价航空的发展。当然了,地球还得承受碳排放的代价。

与此同时,高速的网络又为我们提供了解决办法:社交网络鼓励我们分享视频、音频文件,给了我们与从未谋面的人建立合作关系的机会。

这些都是好消息。我们需要做的只是学会使用这些新的社交工具。

那么,这些新型的交流方式又带给我们什么挑战呢?

### 1. 意识到自己与他人在交流偏好和技巧方面的不同

我们在视觉、听觉、动觉方面的差异就像交谈方式一样多:具体化的,大局性的,简明扼要的,冗长的,幽默有趣的,正儿八经的,直接的,含蓄的,等等。

这些因素都会影响我们如何舒服地在网络上、电话里、面对面时表达自己。尽管这些因素在本地的社交里也存在,但是我们知道本地社交的规则,所以通常没问题。

在国际环境中,我们可能需要遵守别人的规则或是在双方同意的情况下创造新规则。

想要成功创造新规则,你需要:

### 学会并练习新技能

不论我们自己的交流偏好是什么,只要我们愿意改变,我们就能适应新规则。

通过学习新技能,我们在各种环境下交流的能力也会提高。我们能与有很多不同文化背景的人成功交流,作为回报,我们会获得更多长期合作关系,我们处理这些关系的容量也会增大。

认识我们自己的偏好并分辨别人的偏好能让我们调整自己的沟通风格,也让别人能更容易地与我们交流,更容易地找到我们。而且如果我们建立了一个平易近人、容易沟通的名声,那我们就离建立长期关系不远了。

### 2. 创造新的系统与程序来建立互信

在本地的环境里,我们可能有一套自己信赖的系统来决定对方是否值得我们去了解与信任。但是,在国际舞台上,这个系统可能就不那么可靠了。

在本地环境里,我们可以依靠周围人的反馈来评价与我们会面的人如何。我们可以四处打听,看看他们的声誉,联系把他们介绍给我们认识的人并留意他们的反应,在本地联络簿上搜索他们,看看他们的老客户是否愿意介绍推荐等等。

这些方法在各个国家的小群体里都十分有用。因为圈子小,所以任何蛛丝马迹都会被别人注意到。

如果我们将类似的方法应用到国际社区里来,那么我们就需要类似的系统来辨别是否能信任与我们打交道的人。

社交网站和线上社区这些平台意识到了人们的需求并且提供了相应功能:会员可以上传资料,可以为曾经打过交道的人打分、写评语、在论坛上讨论等等。这些工具的目的是为用户积累声誉,并且让他人能够根据多人的经验来对某个人作出评价。

这些系统将传统的口碑转移到网上社区。

有趣的是,那些"本地的"高道德水平的和好的经商行为,其实在任何地方都很相似:

**人们喜欢与他们了解、喜欢、信任的人做生意,也喜欢将好的生意介绍给他们。**

信任和专业作风是在全球范围内认可的长期商业合作关系的基础。专业的作风包括尊重合作伙伴和他们的文化等。

学习生意伙伴所在地的文化是国际社交带给我们的最大机遇之一。

我们对对方文化的了解程度越高,谈话质量也就越高,合作关系也会越紧密。

利用这些国际社会机遇的最有效方法就是:努力了解世界各地的人,寻找介绍人、支持者,和"翻译员"。翻译员不仅翻译语言本身,还翻译语言里的情感。

在你获得回报之前,你需要提前投入精力学习并了解对方。正如爱迪生说过的:"很多人错过了机会,因为机会常常穿着工作服,而且长得也像工作。"

所以国际社交是"工作"吗?

是的,就是这样。不过,这个工作并不是那种在无聊环境里打发时间的工作,而是非常有趣的事情!

如果我们在发展合作关系时没有享受这个过程,那么你坚持社交、长期投入的可能性有多大呢?

我们所说的"工作"其实是关于国际社交的时间范围的扩展。比如说,在本地的小圈子里,假如你们每周会面一次,那么大概6个月就能建立互信了。但是在国际层面来说,我们可能不会直接会面,而是通过上网或是打电话来商讨。这时你们可能要花12到18个月才能建立互信关系,取决于你们交流的频率和双方了解的程度。俗话说得好,好事多磨,耐心是一种美德。

"工作"还指意识到我们沟通所用"语言"的不同。即使我们都说同一种语言(英语、法语、韩语、西班牙语、意大利语等等),很有可能这个语言并不是我们的母语。我们要意识到这一点,并且要留有余地。

怎样留有余地呢?

我们要对自己说的内容负责,对如何表达负责,也要对对方如何接收我们的信息负责。在不同的文化、地理、语境的情况下,我们的话语和比喻会被如何解读? 我们讲的笑话反响如何? 对方的敏感性如何? 对方的思维框架和参照物是什么? 它能怎样影响对方读到、听到或看到的内容?

沟通的质量是由我们收到的回应来决定的。

我们都知道这一点。关键是,我们要在日常沟通互动中,特别是有压力的情况下,依然记得这一点。

相对应地,信息接收方也应该对收到的信息保持谨慎态度。说这个话或是写这个文字的人到底想表达什么? 他们真的有冒犯的意思吗? 我们对这个对话的贡献是什么? 我们是否认真在听? 我们是否提出过问题,我们是否对一些内容不太清楚？

在这个过程中我们还要意识到另外一个问题：我们的偏见与恐惧。这会为我们的回复加上主观色彩。我们无法要求解释，因为我们害怕提问，或者担心别人会如何回应我们的问题。

给对方及时且有建设性的反馈是保证我们能建立长期合作关系的关键。在不面对面交谈的情况下，合理表达我们对对方信息的解读非常重要。

如何确保我们的反馈是有建设性的？

有一些技巧能教我们如何给出有效反馈。技巧很多，我们这里只着重讲一种：**反馈三明治**。

**反馈三明治**是收发反馈的最有效方法之一。它让我们能在积极的语境里提出真实的想法。简单来说，你要在两条正面评论中间加一条建设性意见。这样收件人就会觉得你挺看好这个谈话的，他的心情也会高兴一点。

不过，有些重要问题一定要留意。否则很可能弄巧成拙：

1. 反馈三明治不是纯正面反馈的替代品。以前不是，现在不是，以后也绝对不会是。

纯正面反馈是什么？告诉对方你很喜欢他做的、说的、写的，或是展示给你的东西，以及你为什么喜欢，然后就停下来。后续没有任何评价、建议，或是批评。

2. 这里有一个很不错的反馈三明治的例子：

- 首先我们要明确指出我们喜欢对方所做的事情，并且略微谈一谈他们也能表示赞同的事情。

- 然后写一些改善建议。
- 然后以一个总体正面的评价结束。

另外一个保证给出有建设性反馈的方法就是记住我们为什么有这个对话,以及我们想要从中得到什么。

通过总结每一次国际社交的经验,我们会对彼此获得更加深入的了解,也因此形成让我们的关系繁荣发展的文化。

正是这个相互为谈话负责的文化形成了一个互信的思维模式,它使我们消除对彼此的疑虑。它让我们一起合作,并且互相推荐好的商机,因为我们彼此了解,彼此喜欢,彼此信任。

我们建立起负责任的文化后,下一步就是维护它并且确保后来加入这个社交网的人都理解并且遵守。因此,当我们的社交网不断扩大,我们可能需要将这些规则写成正式的协议,方便新人融入集体。

这保证了新鲜加入的血液不会破坏已有的信任与关系,同时还能带来新的专业、知识,以及机遇。

最后,我们要允许自己失败。允许自己的沟通、关系,甚至是国际生意的失败。失败是成功之母,是我们学习的最快方法。

特别是在你刚刚接触国际社交时,注重学习每一个新的联系人、新的关系带给我们的东西,从失败与错误中吸取教训,保留发展长期关系的打算,这样我们很快就能在成功的路上大步前进了。

回想你多年前学习骑自行车的情景,想想你经历了多少失败才学会骑车并到达目的地。如果你当时过度关注摔跤的失败，你可能永远也学不会骑车。但是你还是学会了，对吧？因为不管怎样，你都决定要学会骑车。

如果你用类似的精神来做国际社交，你会成功的，而且会学到很多知识，增长很多见识。

祝你享受这个旅程！我期待在以后的国际社交场合见到你。

**妮科尔·巴赫曼**是一位有着法律学位和商科背景的国际沟通专家。在漫长的职业生涯中，妮科尔成功影响了很多从不同文化背景中来的人们。妮科尔对于帮助人们在全球范围内与他人及自己有效沟通非常热忱。

妮科尔是一位非常有经验的社交家，受欢迎的演讲家，以及伦敦城市大学和埃塞克斯大学的讲师。她是著名网站www.beatprocrastination.com的创始人之一。妮科尔还是独立商业学院的会员，国际教练联盟的创始会员，以及各种社交机构的活跃会员。

# BUSINESS WISE

## 企业长期成功的策略

# 健康是你最大的财富

伊莱恩·戈尔德

美国思想家爱默生曾经说过:"你最重要的财富是健康。"这句话对小企业来说再正确不过了。如果一个人是企业的灵魂而他有健康隐患,那么十有八九这个企业要遭殃了。

尽管我常年帮助人们提高健康水平,但是爱默生的话并没有给我带来太多感触,直到我遇到了这个客户:

我的这个客户想要我帮他戒烟。这个客户三十几岁,最近从大公司辞职自己开公司。他与一个小团队的员工们一起工作,并且渐渐意识到了他的公司的成败全靠自己余生的健康情况。

**接下来的文章里你会得到一些易于使用的提升健康状况的小建议。**

我们用下面的表格来评估客户的健康状况。你也不妨参考一下,看看自己做得怎么样。

| | 总是这样 | 经常这样 | 有时这样 | 从不这样 |
|---|---|---|---|---|
| 我的三餐规律正常 | | | | |
| 我只在饿了的时候才吃，吃到满意为止 | | | | |
| 我在正餐之间还吃零食 | | | | |
| 我的食物健康可口 | | | | |
| 我能遵守一个健康的饮食计划 | | | | |
| 我知道自己吃的食物能如何影响我的身体 | | | | |
| 我渴望美食…… | | | | |
| 我的体重超过理想体重 | | | | |
| 我会补充维他命或是其他营养补充剂 | | | | |
| 我经常吃外卖食物 | | | | |
| 我能感觉到自己吃饱了 | | | | |
| 如果心情不好，吃东西能缓解我的心情 | | | | |
| 我在控制饮食 | | | | |
| 我每天至少喝8杯水 | | | | |
| 我每天至少喝2杯酒 | | | | |
| 我经常锻炼 | | | | |
| 我情愿走楼梯而不是搭电梯 | | | | |
| 我每天都有时间锻炼 | | | | |
| 午饭时间，我会出去走走，而不是一直坐在办公桌前 | | | | |

（续表）

|  | 总是这样 | 经常这样 | 有时这样 | 从不这样 |
|---|---|---|---|---|
| 我能感觉到自己的身体多健康 |  |  |  |  |
| 我对自己身体的感受有意识 |  |  |  |  |
| 我能意识到自己的需要并满足需要 |  |  |  |  |
| 我的想法比较正面 |  |  |  |  |
| 我比较满意自己的身体 |  |  |  |  |
| 我向他人寻求帮助 |  |  |  |  |
| 我每晚至少睡够6个小时 |  |  |  |  |
| 我每天都会祈祷或是冥想 |  |  |  |  |

回顾你对以上问题的答案。我们都知道自己"应该"做什么，但是很多时候，我们却在做相反的事情。研究一下你的答案并且想想要在哪些方面下功夫。

▷ 照顾自己的身体

我们的身体就像是调好音的乐器。我们大多数人生下来都有能自我调节的体重。但是，当我们吃的加工食品越来越多，时间越来越长，我们的自我调节系统就失常了。

古希腊医学家希波克拉底说过："让食物成为你的药品。"正确的食物与营养能够大大提高我们工作时的精力与心情。

以下是一些能提升绩效的小建议：

## 增加能量

- 每天吃三次正餐，并且在中间穿插两至三次健康零食。零食可以是水果或者一小把坚果。一定要每天吃早餐。这样做你体内的血糖含量会比较平衡。

- 确保你每天摄取足够水分，一天喝8到10杯水。

- 避免刺激饮品，如咖啡、茶、酒精、汽水等。

- 多吃蔬菜水果。英国的"一天五个"准则在其他国家看来是远远不够的。很多证据证明我们需要用健康的辅食支持我们的饮食。

- 鱼、肉、大豆、坚果、种子、豆子等富含蛋白质的食物能提高多巴胺和去甲肾上腺素的含量，使我们更加清醒警觉。所以这些食物都是午餐的好选择。

- 确保你晚上睡个好觉。

- 击打你的胸腺！胸腺是你的免疫系统里的监护腺。如果你感觉反应迟钝的话，击打胸腺能让你立马精神起来。胸腺在你的肋骨下方几英寸处，你可以用惯用手的四个手指来按压大约20秒。

## 食物与情绪

人们都说食物是最强大的转变想法的药物了。有很多研究都证明了生理与心理健康相关，而且食物在这个联系里起到重要作用。这其中的关键要素是我们脑子里的化学物质。大脑的分泌物控制我们如何思考和感觉，我们吃的食物与脑子里的神经递质有关联。美国知名神经学家坎达丝·珀特博士（Dr Candace Pert）用"情绪分子"这个词来形容这个准则。我们都知道巧克力能在我们感觉沮丧的时候起到安慰作用。对甜食的渴望说明我们很可能需要更多能量或是需要提高血清素水平。然而，这种好情绪是短暂的，它很快就会消耗完并带回坏情绪，以及我们体内不平衡的血糖水平。

一个"好情绪"饮食应该包括以下方面：

- 重要不饱和脂肪——欧米茄3和欧米茄6。大脑60%的成分都是脂肪，所以我们要确保摄入相对多的不饱和脂肪。鱼、坚果，还有种子都富含不饱和脂肪。
- 整个食物，也就是未经加工、没有添加的食物。最好是有机的。
- 多样性。
- 抗氧化元素，你能在水果和蔬菜中找到。不过我们建议你同时摄入一些营养补充剂。
- 低血糖食谱。

▷ 呵护自己的心理

正如通过饮食来调整心情，你也可以通过放空你的身体与思想来提升注意力、创造力，以及记忆力。

我们的创造力与想象力都隐藏在潜意识里。当我们谈论意识与潜意识时，我们讨论的并不是两个相等的部分。我们的想法就像是一个冰山，意识只是顶上的10%到12%。潜意识则占据更大的部分。然而，我们总是将大部分的时间花在做决策上，因此我们的意识总是活跃的，而潜意识则没有机会发挥作用。我们知道潜意识的巨大作用。我们肯定都有过一直想不出答案，以为这个问题要伴我们入眠，却在洗澡时突然获得灵感的时候。这就是花时间使用潜意识的例子。

在你工作的时候，找时间休息一下，做一些别的事情。出去散散步，或是做些别的活动。给自己做白日梦的权利。听一听音乐。每天花十分钟冥想，慢慢开始，然后找一个有启发性的想法继续思索。一开始你的想法就像是上蹿下跳的猴子，不过别担心，记住这些想法，告诉自己一会儿再回来想这些问题，然后继续集中注意力。多加练习，你会发现自己能够花更多时间冥想，并且体会到冥想为工作各方面带来的好处。

### ▷ 关注你的身体

我们生来就是要运动的。现在我们不需要跑来跑去猎取食物了，因此多数人的生活都比较静止。我们需要重建平衡。当你自己做生意时，你很难抽出时间花在自己身上。我们感到愧疚，总是担心会有重要电话打进来，总是觉得有太多事情要做了。即便如此，这篇文章还是要告诉你要照顾好自己的身体，否则你的公司就要遭殃了。所以，找一些你喜欢做的事情并且将它融入你忙碌的时间表里。你可能发现自己能早起一点去健身房跑个步，你也可以将散步安排到一天的工作结束之后。又或者，你可以想想白天工作之余能做的小事情，例如爬楼梯或是搭扶梯。把车停远一点，这样可以多走一点路去上班。如果你在家工作，可以准备一些哑铃或者做一些深蹲。每天用一个小时的时间来坐在弹力球上工作。我的一个朋友在她的办公室里准备了一个跳床，这样她能随时将压力跳走！

## ▷ 关注你的精神灵性

你可能觉得精神灵性在讲做生意的书里出现很奇怪。其实，这个话题最近越发流行。越来越多的人认为精神灵性（而不是宗教）是企业健康的核心因素。

精神灵性就是寻找意义。当我们找到做某事的意义时，我们的组织会更加快乐、更加有效率。精神灵性让我们体验生活的深度，而不是活在表面。因此精神灵性与愿景紧密相连。如果你能确定你的目的，你就能将其融入公司的愿景里。这些价值观能够得到贯彻，而且你的员工和客户也会了解这些价值观。这些价值观就是各个企业的区别所在。

发现你的精神灵性的过程应该与关注身心健康一样重要。许多书籍和课程都能帮助你。你可以先检查一下目前的进展。回顾你的生活并记录下改变的瞬间，重要的人和事。你的人生电影会叫什么名字呢？你会如何描述你的长处？你能发现自己的目的吗？

▷ **关注你的团队**

我们以上所谈的内容对你自己和你的员工都同等重要。不过,这里还有七个能够帮助你的团队的使用技巧。

**提升精力,释放压力,提高生产力的七个步骤**

1. 充足的水分：水能让你保持警觉,促进代谢,排出废物,减轻头痛,帮助消化。鼓励员工在桌上随时准备一瓶水。在办公区域设置饮水机。

2. 避免刺激物：汽水、咖啡、茶等刺激物会损害我们的精力。将汽水贩卖机移走,换成饮水机。

3. 提供新鲜水果：提高警觉和能量的最好食品就是生的食物。提供新鲜水果和蔬菜,并且确保附近餐厅有均衡的菜单。

4. 鼓励肢体活动：在美国,办公室楼梯底部和电梯外都贴有"请使用楼梯"的标语。这提高了人们使用楼梯的频率。

5. 休息一下：鼓励员工在午餐休息时间出去走走。多活动对身体和心理都有好处。

6. 压力管理：你能否为员工提供放松的音乐资源、按摩,或瑜伽课？

7. 指向性资源：雇主们根据他们的责任来打造资源库。有一些雇主会额外提供一些能提升健康水平的活动,例如：

　　a. 健身房会员费

　　b. 戒烟治疗

c. 忧虑心理辅导

d. 美容服务

　　工作场合的健康状况很明显与公司的利润直接相关。员工因病假而为雇主带来的损失大约是每个员工599英镑。英国《人力资源》杂志曾经估算过，职业相关疾病为英国企业每小时带来超过500万英镑的损失。英国众议院的审计部门在2001年2月份的一份报告里指出：由体重问题引起的病假加起来多达1 800万天。

　　当你的公司全靠你自己时，不就是正视你健康问题的时候了吗？如果你有员工，你能否承受生病或是压力带来的缺席或是低下的效率？

　　**伊莱恩·戈尔德**是一家健康生活公司的创始人之一。该公司专注于提升个人健康福祉并尤其擅长体重管理。该公司还指导他人开启健康生活模式。2001年，伊莱恩在结束管理咨询师的工作后开始关注健康生活领域。

　　在2001年之前，伊莱恩在一家事务所担任高级咨询师15年。她的角色是为一系列蓝筹股公司设计并实施改变课程。这个过程包括个人技能发展课程的设计与实施。伊莱恩曾经是几百个培训课程的设计师与课程总监，并且帮助个人客户提升领导力、管理，和辅导技能。

# 合作精神

汤姆·埃文斯

在21世纪，我们见到越来越多的人开始在家工作或者组建一人公司。这是企业世俗化的一种表现。

"铁饭碗"这种思想正在逐渐消失。职业生涯结束后的养老保险都没有保障。创业者们用其他财产的投资，如房产、艺术品、酒等，来代替养老金。

在家工作的好处有好几个。你不必为老板或是公司政策而担心，通勤的减少意味着油耗的降低，宽带上网的存在连接起世界各地的人与电脑系统。

在家工作的唯一缺点就是孤独。此外，小企业主依然需要配备大企业的一些职能，例如财务、法律、销售、电脑支持等等。

这些问题的解决要依靠合作。

基本的合作就是将你不擅长做或是企业核心业务外的事情外包出去。一个简单的准则就很有用：如果有人完成某任务的每小时费用比你对外收取的每小时费用低，那么你就应该外包这个任务。多出来的时间可以让你承接更多工作，或是放松一下,例如去打高尔夫,社交,按摩,或是参加个人职业发展课程等。

这就是所谓的不需要费脑子的事情。即使是拉生意这种事情也可以外包。这就是演员都有经纪人的原因。这个准则早就存在了。

合作变得更加有意思的情况就是当你组合好几种不同知识与技能来获得互利的时候。

你帮我,我帮你,我们都受益。再加上第三方、第四方,每个人都能充分发挥长处并得到极好的效果。

这类合作好处太多,以至于我在简介部分不准备讲它的缺点了。我们没有时间和空间来深入探讨使合作成功所必需的法律、物流、商业概念等。本书的其他章节讲了这些操作运行类的问题,所以和我一样,你能从中获得一些好点子。

这种合作方法可能会因潜在陷阱而不完整。因此,我会简要介绍如何将合作过程变为"梨形"。

我们现在看看是什么以及为什么。这两者合起来就是核心精神。

## ▷ 为什么要合作?

合作带来的首要问题常常是共享成果。其实这并非不好的事情。人是社会动物,因此与他人一起做事很有趣也让人觉得不孤单。

而且,如果你参与的项目有风险,那么这个负面因素也由所有参与者承担。

如果你对某些负面问题表示担心，那么在真正的合作开始之前就应该将它们解决掉。这个阶段应该处理的问题包括风险分析、严格评估、市场测验，以及调查研究等。在合作开始前的阶段，爱德华·波诺的"六个思维帽理论"是非常有帮助且有创造力的。这种大脑风暴型的思维模式能让人意识到事情的正反面，同时也鼓励富有创造力的"蓝天"式思考。

人们合作的原因其实很简单。

当合作顺利时，$1+1>2$，$n+n>2*n$。

如果你不喜欢看不等式，那么上面的不等式可以这样理解：整体比部分加起来的和还要大。

合作也不局限于刚起步的公司。引用迈克·索森在他的书《啤酒瓶垫创业家》（*The Beermat Entrepreneur*）中的观点，企业刚起步时就像种子，逐渐长成树苗，最终变成高大的橡树。很多企业都通过并购来实现这个过程。企业们小心地培养这些生意，认准那些创业家并将他们安排到下一个创新项目的研发中。好的项目要从娃娃时期抓起。如果你有兴趣，《啤酒瓶垫创业家》也讲解了使合作成功的团队结构。

企业们合作的原因是获得团队合作的巨大优势，扬长避短，再集中收获。对于刚起步的公司和成熟的转型公司来说，注重长项并外包非核心运营部分是合作成功的关键。

## ▷ 合作的历史

英语中现在的一些姓，例如贝克（英语中意为烘焙师）、史密斯(英语中意为工匠),都是由过去分工的历史而来的。分工就说明有合作。

事实上,专家预测早在两三百万年前我们的祖先就开始合作了。外出打猎与打理家庭的分工到今天都还存在。在鸟类的社会中,雄鸟或雌鸟通常有一方来照看窝里的蛋,另一方飞出去找虫子吃。

更有趣的是不同物种之间如何合作而一直存活到今天的。人们利用马和牛来耕地,利用大象的力量、忠诚、聪慧来搬木头。甚至有这样一种说法流传:人类驯化了狼来做看家狗,导致自己的嗅觉退化,而语言能力提升。有多少人依赖忠诚的狗来防备陌生人?类似的合作关系也存在于昆虫和水的世界中。你的健康依赖于体内数量巨大的益生菌的相互合作。

有人甚至认为对合作的渴望在我们的基因里就存在。它被编入掌控我们的一切感觉和才智的DNA序列中。如果你对这个话题感兴趣,我建议你读读理查德·道金斯的《祖先传说》(*The Ancestor's Tale*)。

从宇宙的角度来看,地球上的生命体都依赖于太阳系。地球与月球的引力作用将地球的热量保持在稳定水平。水星作为巨大的"彗星磁铁",使太阳系内部变成相对平静的地方。每65万年左右,水星会错过一个彗星。

回到地球,现代社会也建立在全球化合作的基础之上。语言是自然的先导,而钱则是合作过程中的通用语,因此谷物能够用来交换工人和家畜。在我们生活的今天,我们都期待铸币厂能遵守它在钱币上的承诺。如果铸币厂停止合作,不履行承诺,我们该怎么办？

　　贸易与探索见证了合作的全球化，尽管这其中有祭品和奴隶制等黑暗历史。工业时代的黎明要求原材料在全球范围内输送。同时，服务业也应运而生，如我们今天所熟知的物流、会计、个人教练等行业。

　　现在我们从科技时代走到了沟通时代。这个过程的一个简单例子就是网络商务的迅猛发展，如维基百科这种信息类网站以及易趣这种购物网站。后者其实是建立在对打分系统的信任与合作的基础上。而前者则是建立在全球知识贡献大于任何个人贡献的基础上的。社会上甚至广泛认为维基百科比《不列颠百科全书》还更加完善、更加准确。毋庸置疑的是维基百科使用起来更快速，也更加节约纸张。这就是一个值得合作的前提。

## ▷ 什么才是好的合作？

　　我们回到之前提到的简单的数学问题中去：在一些情况下，一加一是可以大于二的。

　　好的合作就是各方在自己的核心专长领域里工作，并且交换有价值的想法。与他人合作的本质要求是良好的沟通。

　　良好的沟通从明确愿景开始，也就是搞清楚是什么和为什么。同样重要的事情还有明确每个队员的角色及责任。

　　对我来说，图片胜过千言万语。我发现思维导图能迅速地捕捉团队的结构、想法，和里程碑等元素。

这里有一个典型的刚刚起步的网络公司的思维导图：

请注意，这种导图还能捕获其他突出的参数，例如风险。还有一些思维导图公司能融合一些"元数据"，例如电子表格、时间和资源分配，以及任务优先权等。

## ▷ 你如何能成功地合作？

一个成功的合作并不一定要组建新公司或是合并企业。两个人为一份客户摘要一起工作，各自贡献不同长处，就是合作了。从这个简单的例子里，我们能更容易地推广到大团队上。

在这个例子里，客户可以是内部的，也可以是外部的。

该客户将一个项目摘要摆在你面前，你大概知道你能轻松地做好75%的部分。这个客户找你的原因十有八九是他们的亲朋好友推荐了你。不过这里有个小问题。那剩下的25%是你以前从未尝试过的任务。

接下来你就面临两个选择了：要么提高技能，学习如何完成这个任务，要么找一个合同工做这一部分内容。这就是基本的合作。通常你能从这个过程中学会如何处理这类任务，以后就能自己来了。如果你真的这样做，那你只看到了表面，因为你的合作者以后可能不会再信任你了。

还有一种合作就是：当市场机会出现时，只要两种技能或科技的组合就能创造一种全新的产品或服务。你需要保持开放的头脑，不断地适应、改变、利用市场机遇。如果你想一个人做这一切，那么很可能不会有成果，或是被竞争者抢走风头。

苹果公司的iPod音乐播放器就是一个很好的例子。高速宽带网络的存在使得用户能下载很多音乐文件，并且在新的小型硬盘上重复播放。缺少任何一方，产品就不会存在。如果没有苹果及其他公司，这个应用就不会被开发出来。而如果没有通讯公司的投资，网络就不会这么普及。如果没有对更小、更轻、更快的硬盘的需求，那么iPod音乐播放器也就不会存在。微软公司不会，苹果公司也不会有动力或资源来开发、支持这些新技术的音乐播放器了。

我们需要的只是一个有远见的想法、尖端的设计，以及一些美妙的宣传。当然了，这整个市场还一定程度上要感谢那些自发合作的文档分享社区。

苹果的音乐播放器的例子说明合作并不只是中小企业或一人公司的专利。

大公司通过并购来壮大。成功的并购通常意味着合作会接踵而至。全行业层面，例如汽车制造业，依赖于整体供应链的合作。子行业层面，如企业资源规划软件、外包物流、二手车经销商等,依赖这些上游合作的成功。

我们这整本书也是良好合作的体现。

这本书的出版是明迪·吉宾斯-克莱因与安迪·库特的想法。他们想要看看这种多个作者合作的书要花多少时间完成并出版。几个月之后,这本书就编辑成册出版了。

那么这其中成功的秘诀是什么?

首先,大家要有一个值得合作的好想法。这个想法就是明迪和安迪想出来的。他们发现小企业想要发展壮大的野心与对综合指导的需求。更重要的是,他们意识到不同的话题应由不同的专业人士来写,也就是分工合作。他们两个人能写完这整本书吗? 有可能,但是成书效果肯定不如专业人士各自执笔好。

我们管理写作与出版进程的宝贵经验也对整个进程起了相当重要的作用。我们互相沟通分享愿景的方式更是重要。到达每一个里程碑后,我们都会开一个视频会议。那些有事不能参与的人可以事后在网络上找到会议记录。

其次,各个合作作者之前已经建立了高水平的互信。我们中的多数人已经与别的作者合作过了,因此对合作流程和好处都很熟悉。这种互信确保每个人都能写出相似的、高水平、高度相关的文章,并且及时交稿。没有人拖团队后腿。这背后的原因值得我们思考。

共同的愿景也带来了共同的好处。所有作者都是这本快速出版的书的贡献者。任何一个作者都能用这本书来帮助自己宣传专长。

最后，这本书的读者可能同时对好几章内容都有触动，这样一个强大的团队就有机会立马建立起来为客户的项目出力。这个好处的存在多亏所有合作作者的意愿和经验。

## ▷ 怎样合作会出错?

正如我之前所说的，我并不想停留在负面问题上太久，不过指出一些可能的陷阱还是有必要的，因为失败的合作项目比成功的要多。在可能发生的范围内，我将这个话题局限在实验和学习的需求中。

如果我们能避免失败，那么就值得下血本。如果我们已经失败了，那么要从失败中学习，而不是灰心丧气。你不是第一个遇到失败的人，也不会是最后一个。

多数失败是可以避免的，只要你明确地沟通项目的目标、每个人的角色，以及每个人想要得到的回报。

拥有共同目标非常重要。进入市场、运营、离开市场的条件都应该沟通好。很多合作企业在运营时都非常顺利，但是在出售企业的时候却出现很多分歧。其中的原因就在于各方没有提前协定好这方面的细节。家庭企业在这方面尤其臭名昭著。在企业开始之前，集体与个人的退出计划就应该列出来，因为个人与市场情况不停在变。

另外一个主要的要求就是合作者们要合得来。不过他们不需要成为朋友或是下班后一起喝酒，因为这样有时候会带来好处，有时候却在帮倒忙。最重要的是，合作者们要互相尊重彼此的技能、天赋、信仰等。

在我自己涉及的一个合作项目中，我们开发了一系列工具来提升人们合作的方式。这些工具能鉴定出每个人的长项并且鼓励大家在各自的"领域"里工作。团队范围内对于这些长项的沟通当然也很重要。

## ▷ 合作的未来怎么样？

其实未来已经来到我们周围了。正如之前提到的，越来越多的人选择自雇。这会导致越来越多的专业分工，或者利基市场。通过组建新的战略联盟，新的产品与服务变得可能。这些新产品与服务可能是为了某个客户或市场专门开发的，也可能是自然而然因多种长项组合产生的新想法。

宽带网络的存在使得全球化的合作成为可能。那些曾经很昂贵的视频音频资源，现在已经可以从Skype等软件上免费使用了。你还可以与其他网络用户分享桌面以及在很短时间内传送文档等等。

我近期参与的一个多语言的视频音频项目就是一个很好的例子。我要做的只是几个免费的视频会议，策划每个人的投入，并确保每个人都有共同目标。一旦项目范围及时间确认以后，每个人都会收到脚本。我还从尚未谋面的合作者那里收到录音。整个生产过程就这样在几天内步入正轨。

总而言之，在世界范围内相互连接的计算机网络，不仅成就了许多聪明人互相合作的案例，还将推动"合作"在数量上指数型增长,在范围上无限延伸。

如果你对合作感兴趣,不妨从小地方开始,例如外包一些非核心业务。你也可以向现有的合作项目推荐你的服务,看看有哪些好处和弊端。

如果你有梦想,你应该问自己是什么在阻止你实现梦想,而不是直接假设梦想无法实现。实现很多梦想的关键都是合作。

从来没有比现在更应该合作的时候了。

你还在等什么?

**汤姆·埃文斯**是一个天生的团队玩家和合作者。这在他那庞大的爱尔兰天主教家族里是必需品。汤姆有超过30年与广播、通讯、网络行业尖端科技的合作经验。现在,汤姆主要帮助企业从科技和人力资源中获得最佳表现。他担任催化剂角色,并且指导人们如何创造性地建立单边关系。

汤姆为欧妮特鲁德网站写了三篇网络文章。同年,他的第一部长篇小说也发表了。该小说围绕宇宙学、进化学,以及意识形态展开,有一点像《时间简史》与《银河系漫游指南》的结合。